Palawan Island, Philippines
Flores Island, Indonesia
Payee Island, Thailand
Lake Tonle Sap, Cambodia
Lake Tempe, Indonesia

消えゆく
アジアの
水上居住文化

畔柳昭雄 編著

市川尚紀・舟岡徳朗 共著

鹿島出版会

消えゆくアジアの水上居住文化　目次

序にかえて　004

Chapter 1　消えゆく水上居住 ·························· 007

Chapter 2　アジアの水上居住の変化 ······· 033

フィリピン・パラワン島のバランガイ ····················· 034
インドネシア・フローレス島の元漂海民集落 ·············· 058
タイ・パンイ島の海上集落 ································· 076
カンボジア・トンレサップ湖の湖上集落 ··················· 090
インドネシア・テンペ湖の浮家住居 ······················ 120

Appendix　日本の水辺の暮らし ················· 139

舟小屋の変化 ··· 140
消えゆく川面の牡蠣船 ································· 152

参考文献　　162
あとがき　　163
執筆者紹介　164

アジアの水上居住の分布

*は前書『アジアの水辺空間——くらし・集落・住居・文化』で取り上げたもの（一部）

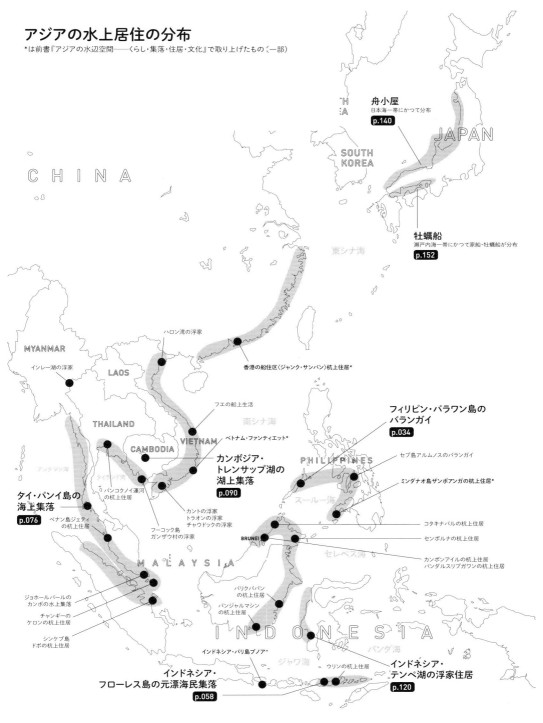

- 舟小屋
  日本海一帯にかつて分布
  p.140

- 牡蠣船
  瀬戸内海一帯にかつて家船・牡蠣船が分布
  p.152

- インレー湖の浮家
- ハロン湾の浮家
- 香港の船住区〈ジャンク・サンパン〉杭上住居*
- フエの船上生活
- ベトナム・ファンティエット*
- フィリピン・パラワン島のバランガイ
  p.034
- セブ島アルムノスのバランガイ
- ミンダナオ島ザンボアンガの杭上住居*
- カンボジア・トレンサップ湖の湖上集落
  p.090
- バンコクノイ運河の杭上住居
- カントの浮家
  トラオンの浮家
  チャウドックの浮家
- フーコック島ガンザウ村の浮家
- タイ・パンイ島の海上集落
  p.076
- ペナン島ジェティの杭上住居
- コタキナバルの杭上住居
- センポルナの杭上住居
- カンポンアイルの杭上住居
  バンダルスリブガワンの杭上住居
- ジョホールバールのカンポの水上集落
- チャンギーのケロンの杭上住居
- シンケプ島ドボの杭上住居
- バリクパパンの杭上住居
- バンジャルマシンの杭上住居
- インドネシア・バリ島ブノア*
- インドネシア・フローレス島の元漂海民集落
  p.058
- ウリンの杭上住居
- インドネシア・テンペ湖の浮家住居
  p.120

序にかえて

アジアの水辺には、自然を克服し移動生活を旨とする狩猟民族や、自然を改変し定住生活を旨とする農耕民族とは異なり、自然と融和し、移動あるいは定住による生活を営む人々がおり、そこには自然環境の変化に寄りそう共生思考が息づいている。そのため、生活の糧を得るための資源採捕の方法も持続性の維持を念頭においたもので、住居の形態も環境の変化に順応したつくりとなっている。それゆえ、一見近代化とは切り離されているようにも見えるが、そこには多様性を極めながらも個にして普遍的な伝統や文化が蓄積されてきている。このように書き連ねると、今日、UNESCOが唱えてきているサステイナビリティ、ワイズユース、ダイバーシティといったキーワードを、水辺で生活する人々はごく当たり前のこととして取り入れていたように思われる。

世界に見る水辺生活

陸域に住む我々にとって水辺は強いあこがれの場所である。そのため、世界中のあらゆる場所で営まれている水辺の生活は、これまでに機会あるごとに取り上げられてきていて、それらを地球を東周りに見ていくと、14世紀に現在のメキシコシティのある場所にテズココ湖と呼ばれる湖沼があり、そこに、30万人が住むティノチチトランと呼ばれる浮かぶ水上都市があった。また、隣国のグアテマラとの国境近くにはメヒカルチタンと呼ばれ、雨期には道路がすべて浸水し水路になる集落がある。さらに、北アメリカのアメリカ・カナダの西海岸を中心に、水上コミュニティが1960年代後半あたりから姿を現しはじめ、フローティングホームやハウスボートと呼ばれる水上住居がある。南アメリカのアマゾン川の流れるブラジルでは、リオ・ネグロやペルーのイキトスで高床式水上住居による水上集落が見られるほか、ペルーではアンデス山脈の海抜4,000mにあるチチカカ湖にトトラと呼ばれる葦でつくられた浮島とその上部に集落がつくられており、近年は観光資源ともなっている。

一方、ヨーロッパではアルプス山脈の麓に点在する湖には冬期の降雪に備え、舟を収容するための舟小屋の類を見ることができ、ドイツ・スイスの国境近くにあるボーデン湖にはかつての湖上集落が復元されている。アフリカではベナンの南部のノコウエ湖に水上都市ガンビエがあり、アフリカのベニスと呼ばれている。奴隷貿易の時代に奴隷狩りの危険から逃れるために水上に移住し、以降都市として発展した。東ヨーロッパのアゼルバイジャンのカスピ海では石油産出により人工島形式の海上油田都市ネルフトカニミが78か所建設されてきた。

中東のイラクのチグリス・ユーフラテス川の

下流域の沼沢地には葦による人工島がある。島は家族単位でつくられ群をなしている。インドにおいてもウダイプールのピコラ湖内に水上の宮殿がある。パキスタンは海岸部の低地帯が地球温暖化による水位上昇による浸水被害を受けるようになり、それを防ぐために公共性の高い施設は舟を用いて浮かすようになっている。そして、インドシナ半島のミャンマー、マレーシア、タイ、カンボジア、ベトナムとインドネシア、フィリピン、ブルネイなど東南アジア諸国を形成する多くの国では沿岸部の島々や河川において、多様な形態の水上集落や水上住居がある。さらに、大洋州のパプアニューギニアのカンバランバや環礁の島嶼国においても高床式住居による水上集落がある。

アジアの水辺の現状

こうした地球の全域において見られる水辺の生活のなかで、とくにアジアの水辺に関しては、緩やかに水辺と共生しながら暮らす人々のエネルギーを感じ取ることができる。しかしながら、未来永劫変化のない生活や暮らしは望むべくもないが、現代社会のうねりは、水辺に展開されてきた生活や暮らしに対して内部からの変化要求（欲求）や外部からの変化圧力となり、近代化、都市化、標準化をもたらしている。それがアジア特有の水辺の住まい方や文化を失わせ、アジア固有の漂海民、水上居民と呼ばれた人々を消し去ろうとしている。

アジアの水辺を取り巻く環境は混とんとしているが、そこで暮らす人々の生活、住居、集落に対する我々の興味や関心は尽きることはなく、むしろ急速な変化の波により水辺の生活の存在が完全に消え去ってしまうという危機感が強く、無くなる前に是非とも見ておきたい、調べておきたいとの思いがある。事実、1978年ごろまで香港にいくつも点在していた水上集落は、今は全域でその姿を消しており集落の面影さえ見ることはできず、かつてそこに水上集落があったとする記録も残されることはほとんどない。シンガポールの海岸に見られたケロン（水上住居）も完全にその姿を消し去っており、タイ・バンコクにおいても多くの水路が埋め立てられることで街の形態が大きく変化するとともに水辺に築かれてきた生活は完全に消滅してしまった。

消えゆく暮らしを記録する

こうした状況のなかで水辺と人々の暮らしや建築、集落、街との関係性を捉えたものとして、B・ルドフスキーによる『建築家なしの建築』（渡辺武信訳、SD選書184、鹿島出版会、1984年）に代表される文化人類学的な視点による調査や宮本常一、秋道智彌らによる民俗学的な視点による調査がある。これらの成果は先

005

駆的であり、貴重なものとしてあげられる。

これら先人の成果を踏まえて我々も消えゆくものをできる限りさまざまなかたちで記録していくことが重要と考え、調査活動を展開してきた。

国外ではアジア、大洋州、カリブ海において国内では全国の漁村を対象にフィールドワークを行ってきたが、そのなかから、国外はミクロネシア、パプアニューギニア、インドネシア、ベトナム、タイ、フィリピン、香港、国内では舳倉島、伊根、豊島などに対象を絞り、それぞれの地域に見られる水辺と共生した人々の暮らしや習慣およびそこに生み出されてきた集落や住居の空間形態について、類似性や特異性を捉えることに主眼をおきつつ、図面や写真、映像として記録してきた。1999年、『アジアの水辺空間──くらし・集落・住居・文化』(中村茂樹・畔柳昭雄・石田卓矢編、鹿島出版会)をまとめた。本編はその続編となる。

我々が抱く水辺の生活が消滅するという危機意識とは別にアジアの水辺に対して興味・関心をもつ研究者は意外に多く、多様な視点から水辺に関する調査研究が展開されることで、今日、多くの成果が公表されてきている。たとえば、中国の水郷鎮の水路や暮らし、ベトナムの海や川に見る舟住居、カンボジアの水上住居、タイの筏住居といった、水辺に展開される各国の人々の暮らしや住居など。また、国内では舟小屋、川原屋などに関心が向けられ、各地の状況が捉えられてきている。

本書について

本書は、Chapter 1、2とAppendixで構成している。

Chapter 1「消えゆく水上居住」では、今日のアジアの水上居住の状況を概観し、変化がもたらされている状況、消滅の危機的な状況を捉えつつ、各地に芽生えてきた水上居住にまつわる新たな側面や価値について論じている。Chapter 2「アジアの水上居住の変化」では、島嶼や湖沼における水辺の生活に焦点をあて、暮らし方や生活の場としての住居と集落の形成とその変化について論じている。ここでは、フィリピン・パラワン島のバランガイ、インドネシア・フローレス島の元漂海民集落、タイ・パンイ島の海上集落、カンボジア・トンレサップ湖の湖上集落、インドネシア・テンペ湖の浮家住居を取り上げている。

最後に Appendix「日本の水辺の暮らし」では、舟小屋の変化に着目し、減少傾向にある状況や各地に残っている舟小屋の地域的特徴について論じている。また、消えゆく川面の牡蠣船については、その成立過程や形態的変遷および大阪堀川における活動状況について論じている。

Chapter 1

消えゆく
水上居住

水の上の住まい

　20世紀終盤以降、グローバリゼーションの潮流は世界を席巻してきた。都市を構成する建築のあり方は、次第に画一的な方向に向かい、地域性や場所性との関係を希薄化する傾向を強めてきた。その一方で、それに反発するようにグローバル化とは対極にある地域性や場所性、固有性を重んじ、その土地の気候や風土に適応してきた伝統的な住まいや建築、集落に対する関心が高まっている。

　風土とは、その土地の気候や地形・地勢、植物や動物などの生態系を含む自然環境とそこに住む人間との関係性として捉えることができる。建築空間は、風土の影響を受けながら生み出される。そして、風土は、建築の形態ばかりでなく、材料や架構法、人々の暮らし方や生活様式にまで深く影響を及ぼしている。

　これまで、風土的な建築はカタカナで「ヴァナキュラーアーキテクチュア」と呼ばれることが多く、住まいや建築に関しては、建築学よりもむしろ社会学や文化人類学、人文科学などの分野から注目されてきた。しかし、現在、地球の温暖化や環境共生への対応は、建築にも求められるようになっている。ヴァナキュラーな建築のもつエコロジカル（生態的）でサステイナブル（持続的）な環境性能が、環境工学分野の研究者らによるフィールドワークにより、客観的に計測・評価され、「風土性（ヴァナキュラー）」や「地域性（ローカリティ）」のもつ意味が再認識されている。

　人間が生活する「場」を地球的な規模で眺めてみると、北極付近の寒冷地域から赤道付近の熱帯地域、砂漠や水上など、寒冷・熱暑・乾燥・湿潤といったさまざまな環境に適応して存在することがわかる。氷や土、岩、樹木、草に至るまで、入手可能なものを住居に用い、積み上げる、架け渡す、

写真1 ペルー・チチカカ湖の浮島住居。トトラ（水草）を何層にも積み重ねてつくられた浮島（ウロス島）の上に住居を立てている

覆う、浮かすなど、材料に適した建て方を編み出し、固有で多様な居住形態をつくり出している。

そのなかで海、河川、湖沼など、水や水辺と関係する住居に焦点を当て世界各地を概観すると、東南アジア、大洋州から南アメリカ、アフリカ、中近東に至る湿潤・乾燥地域において、地域固有の水上住居とそこでの生活風景を見ることができる。われわれが調査してきたものは、代表的なものとして、インドシナ半島のタイ、カンボジア、ミャンマー、ベトナム、マレーシアとフィリピン、インドネシアの船上住居や高床住居、ブルネイ・サラワクサバの高床住居、香港の船上住居、ペルー・チチカカ湖の浮島住居などがある【写真1】。

これらは一見どれも同じような形態をなしているが、類似性を見せながらも、地域の文化や風土を背景に、基盤のつくり方や杭の立て方、屋根の葺き方、材料の使い方、生活形態など、場所に応じた特異性を見せる。水上居住が生まれた背景には、生業（魚介採捕）や環境（気候影響緩和や禽獣・害虫への防除）、空間（可住地の選択）など、さまざまな要因が複合的に絡み

合っているが、地域ごとの事例を調べると、それぞれに水上生活を選択した理由が見えてくる。

水上居住に見られる形態

　他の地域と比べ東南アジアには、気候や地形の特質のため、水の上に住む人々が多く存在する。海や河川、湖の入江や島陰、海岸や水際などで、多様な水上居住と水上集落を見ることができる。移動性を絶対的な条件とし、国境を越えて広範囲に移動するもの、ある領域内を季節的に移動するもの、増水や渇水などによる水域の状態変化に対応して微細に移動するものや、海岸や河岸周辺の水際およびそこから距離を置いた水域において、定位置に限定的、固定的に存在するものなどがある。

　水の上に住むためには、まず生活を営むための場＝空間を水の上に確保することが必要になるが、船や筏を使うことで水面に浮くもの、あるいは杭や柱を用いて水面上に高床を張ったもの、さらに人為的に島や基壇を水面に造成したものなどがある。

　その背景を見ていくと、移動が可能な船の場合、漁労をともなう生活習慣から生まれたものと、戦乱や迫害から逃れるために船に居住し家船へと発展したものがある。前者はバジャウ族、モーケン族など民族的な色彩が濃く、魚介類を食料資源とすることで漁具や漁法を発達させると同時に、漁労に使われていた船が生活の場を形成するようになった。季節ごとに漁場を移動しながら、家船という居住形態に発展している。後者は、もともとは陸域で生活していた人々が、船上での生活を強いられたことで家船として発展した。

　加えて、雨期と乾期で水位差が大幅に異なる河川や湖において、定位置での水位変化に対応するものとして筏や浮函基礎を用いた居住形態がある。また、家船が老朽化し航海不能になることで係留生活が営まれ、それが次第に恒久的な高床形式の居住形態に変化したケースもある。さらに、海岸沿いの可住地が限られた場所で、海の上に居住場所を確保するための形態として発展した高床式の住居もある。

　日本では、江戸時代ごろから西日本一帯の海域で、家船と呼ばれる居住形態が見られた。九州の長崎県五島列島周辺や瀬戸内海および日本海側の能登半島周辺などである。現在も広島県呉市の豊島では家船生活をす

010　　　Chapter 1　　　消えゆく水上生活

る漁師を見ることができる。この家船は、当初、漁場の季節移動にともない各地を転々とする漁師とその家族が生活する漁船の一形態を指したものであった。その後、物資輸送を担う小型船を中心に家族もそこで一緒に生活する形態が生まれ、こちらも家船と呼ばれた。それらは、東京湾や大阪湾などでもその姿を昭和30年代後半まで見ることができた。また、海と陸の両方に家をもつ人々もいた。ただし日本には、筏を用いた水上居住は存在しない。人工島を用いたものは、江戸時代に長崎で出島が造られた経緯があるが、明治期には埋められた。海域に建てられた高床式の建築としては、厳島神社が唯一、現存する。

東南アジアに見る水上居住

東南アジアには多様な水上生活の形態が発展しているが、その選択の背景を整理すると、①漁労文化を含めた歴史的背景から陸域での生活を捨てたもの、②文化的、民族的な少数社会の生活形態としてのもの、③気候風土にもとづく地理的要因を反映したもの、④高温多湿で害虫からの防除のためのもの、など民族的な要因によるものと地域の風土的な要因によるものに分けることができる。さらに、それぞれの要因が相互に関係することで場所ごと、地域ごとに特異な水上居住や生活が生み出されている。

①の事例には、香港における蛋民などが該当する。蛋民の歴史は古く、その起源については諸説あるが、資料などによれば10世紀ごろの宋の時代に珠江デルタなどで船上生活していた人々を指した呼び名であった。もともとは漢族の地方集団であったが、陸上に住居を構えず土地に定着しなかったことから、古代の蛮族にあてがわれた「蜑」がつけられた民として「蛋民」と呼ばれ区別されていた。一時は、漁労民や舟運業者として、珠江流域から広州、香港、福州など中国沿岸部に生活の場を広げることで100万人を数えるまでに増加したが、1949年に中華人民共和国が成立してからは、陸上への住み替え政策が取られることで蛋民らは少なくなった。1970年代に入り、香港政庁が引き続き陸揚げ政策を積極的に推進したことで減少の途をたどる。90年代はじめには、香港から蛋民の住居となっていたJUNK（ジャンク）と呼ばれた漁船の姿はほぼ消滅した。彼らの生活の場が形成されていた香港島の香港仔や九龍の油麻地のタイフン

シェルター(防波堤に囲まれた水域)を含め、香港領内に42か所余り存在した水上集落もその数を大きく減らし、わずかに香港島内のコーズウェイ湾やシャオキー湾において小型艇(サンパン)で水上生活する老人たちの姿を見かける程度にまで縮小している。現在、蛋民のほとんどは、タイフンシェルターなどの湾域の背後地に建てられた高層住宅に生活の場を移している【写真2、3】。他方、カンボジアのトンレサップ湖ではベトナム戦争時に国を逃れてきたベトナム難民がそのまま居着き、一部の地域では陸域での定住を拒まれることで家船や筏住居などによる水上居住が定着したりしている。

　②の事例には、漂海民、海人、シーノマド(Sea Nomads)と呼ばれる一生のほとんどを海の上で暮らす海洋民族がいる。彼らは東南アジア、東アジア、オセアニア地域の海域をおもな生活領域としている【図1】。このうち、インドネシアのスラウェシ島周辺海域からボルネオ島沿岸、スールー海周辺の島嶼部からベトナム沿岸までを活動範囲とする人々に、バジャウ族がいる。インドネシアでは「バジョ」、フィリピンでは「サマ」あるいは

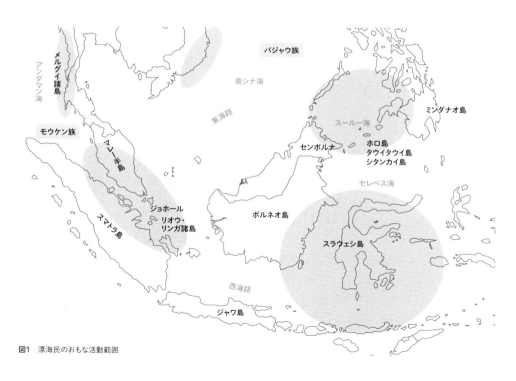

図1　漂海民のおもな活動範囲

012　Chapter 1　消えゆく水上生活

写真2　香港コーズウェイ湾のサンパンによる水上コミュニティ

写真3　香港における水上コミュニティは姿を消してきているが、水上から離れられない人たちもいる。特に老人たちが水上生活を続けている

「オラン・サマ」、ベトナムでは「ポリネシアン・マレーシア」などと呼ばれている。また、マレー半島とアンダマン諸島、ニコバル諸島のあるアンダマン海やミャンマーのメルグイ諸島を中心に船上生活を行っている人々にモーケン族がいる。マレーシアでは「オラン・ラウト（オランは海、ラウトは人、海の人の意）」とも呼ばれている。彼らはどちらもカヌー型の刳船に側板を張った茅葺き屋根の家船で漁労＋家族生活を営んでおり、バジャウ族の刳舟は「レパ」、モーケン族のものは「カーバン」と呼ばれる。しかし、漂海民が拠点としてきた国の多くは、近代化政策を進めるなかで住民登録を奨励し、定住場所の提供を図るなどの施策を展開している。彼らの生活内部においても、家電製品の普及や食生活の変化を通じて陸域文化との接触や浸透があり、漂海民の伝統的な暮らし方は減少し、消滅の過程にある。インドネシアやフィリピンでは、家船から降りた人々が、島や陸地の水際沿い、あるいは環礁内に珊瑚石を積み上げて築いた人工島に、高床式の水上集落を形成している事例もある。一方で、陸域に生活拠点を築くことは、税金徴収の対象となったり、大海原を自由に航海できた漂泊的な生活習慣が束縛されたりすることにもなるため、近年、反意的な選択として従来までの家船による水上居住を好む人々も現れてきている。

　③の事例には、雨期に河川氾濫が頻発する東南アジアの洪水常襲地帯で見られる多様な居住形態がある。タイのチャオプラヤ川は、頻繁に氾濫するが、もともとタイは「平ン土（タイランド）」と揶揄されるほどの低湿地に大河川が蛇行しているため、氾濫後もすぐには水が引かない。乾期は猛暑となり、熱帯地域特有の湿気がともなう。こうした環境圧を緩和する方法として高床式の形態が生み出された。水の脅威を緩和するだけでなく、水面の冷却効果を活用した通風や水の蒸発効果を取り入れ、陸域よりも快適な空間を確保している。増水による水位変化に対応する方法としては、竹や木を用いた筏式の浮函基礎による水上居住も生み出されてきた。バンコクの場合は19世紀中期以降に陸上居住が増えるが、それ以前はむしろ高床式水上住居や筏式住居が水面や水際に建ち並ぶ集落が多く見られた。

　④の事例には、島嶼部の水上住居がある。樹木の繁茂する場所は害虫の生息も多く、病気や感染症を防ぐため、風除けに島を利用しながら、島陰の穏やかな水域に居住場所を獲得し、水上集落を形成する場合が多く見られる。

水辺を楽しむ空間

　バンコクは長らく東洋のベニスと喩えられるほどに市内には縦横に水路や運河が張り巡らされていた。バンコクはチャオプラヤ川のデルタ地帯の低湿地に形成されたため、水路や運河を開削することで水捌けを図り陸地を開墾してきた。こうして開削された水路や運河を地元では「クローン」と呼ぶ。バンコクでは18世紀ごろまではこのクローンに沿って高床式住居（バーンソングタイ）が建てられ、水面には筏住居（ルーア・ペー）が浮かんでいた。水辺や水面には人々の姿が溢れ、むしろ陸上の居住の方が少なかったことが調査研究などで報告されている。1970年代の後半まで、岸から離れて流れる水は聖なる水といわれ、ここで沐浴する習慣をもつ人々が数多くいた。しかしその後、バンコクの交通政策や都市政策によりクローンの埋め立てが進むことで、水辺は人々の生活から遠のき、水辺の風景も大きく変貌することになった。ただ、変化の激しいバンコク市内を抜けて郊外に出ると、今でも生活に密着してゆったりした時間の流れるクローンを見ることができる。こうした郊外にあるクローンも衰退化の傾向をたどった時期がある。しかし、地元住民やNPO団体などが地域おこしや一村一品運動を展開し、地域の活性化や再生に取り組むなかでクローンを観光資源として位置づけ、クローンに沿ったチャーン（遊歩道）を整備したり、エンジン付き乗合船のルーア・ハンヤオ（ルーアは舟、ハンは尻尾、ヤオは長いで、長い尻尾の舟の意）を頻繁に航行させたりするなど、積極的にクローンを利用し、国内外から観光客を集めるようになり復興に成功した地域もある【写真4〜8】。

　こうした地域内に張り巡らされたクローンの水網には、水と共生した水上住居や生活を見ることができる。クローンに建つ水上住居は「バーン・リム・ナム（バーンは家、リムは際・沿う、ナムは水の意）」と呼ばれる。この水上住居には、水に直接的、間接的に親しむための空間的工夫がなされている。水とのかかわり方に対して水面と床面との高さを微妙に調整することで、そこに特有の空間をつくり出している。たとえば、「バンダイ」と呼ばれる階段は、通常は地表面から持ち上げられた床面への上り下りに使われるが、クローン側に設けられたものの場合、ルーア・ハンヤオの船着場や水浴び場、洗濯の場としても使用される親水階段となっている。「フワッサパーンナーバーン」と呼ばれる玄関口は、川側に設けられた入

写真4　タイ・アムパワーの再び復活してきたフローティング（水上）マーケット

写真5　ダムヌン・サドゥアク水上マーケット。ルーア・ハンヤオ（エンジン付き乗合船）が水路を頻繁に往来する

016　Chapter 1　消えゆく水上生活

写真6 水上マーケットは観光地としても活用。賑わいを見せる

写真7 地元住民も日常生活品を買い求める

写真8　ルーア・パイ（手漕ぎ舟）で果物を載せて水路を売り歩く

口であるが、沐浴、水汲み、洗い場としても使われ、「ラビヤンバーン」と呼ばれる庇下の半屋外の空間は、涼やくつろぎの場として使われている。同じように見えるデッキにおいても、フワッサパーンナーバーンは比較的低い位置に設けられ、ラビアバーンは増水時でも濡れることのない高い位置に設置されている。また、「サラアターナーム」という東屋には広い庇とベンチが取り付けられ、水辺の冷涼感が満喫できるような設えとなっている。こうした親水性をともなう空間が水際に立地する住居には備えられている【写真9〜12】。

近代化のなかの水上居住

　21世紀の今日、東南アジアにおける水上居住の要件は大きく変化している。水上居住が出現したおもな要因は、漁場移動に対する対応や戦乱や迫害の脅威への対応、または民族的な少数社会形成といったものであった。しかし今日、こうした背景から水上居住が出現することはほとんどな

写真9　クローンと呼ばれる開削水路や運河が生活空間の一部となっている

写真10　水辺のテラス。水路は子供たちの絶好の遊び場となっている

写真11 各住居は眼前の水路とつながる親水空間をもつ

写真12 住居同士はチャーン(遊歩道)で結ばれている

い。増加傾向を示す水上居住は、先述した沿岸国の定住化政策による高床式住居の出現と、それにより形成される水上集落がほとんどである。こうした集落はインドネシアやフィリピンなどの島嶼部の海岸や河川の水際に増えている。また、東南アジア諸国のなかには、経済成長に合わせ、主要都市への人口流入によるスクワッター（不法居住）としての水上住居の出現も見られる。近年の動向のひとつに、陸域の可住地不足や伝統的な居住形態の復興および観光振興に端を発した水上住居の建設がある。

　たとえば、ボルネオ島にあるマレーシア・サバ州の州都コタキナバルの沖合に浮かぶガヤ島では、フィリピンのミンダナオ島など周辺島嶼から移り住んだバジャウ族により、島の海岸線には1万人ほどが住む4つの水上集落が形成され、1,500戸余りの水上住居およびモスクが建てられている。1980年代後半から移住が進み、住民は木材輸出などに従事していたが、不法入国する者も増え続け、海岸線は水上住居で埋め尽くされるようになった。当局は当初労働力不足を補完する意味で黙認してきたが、違法住居の増加とそこから排出される汚水、ゴミなどの影響による海域汚染の進行、麻薬犯罪や密輸の温床になることなどから違法住居の撤去取締りを強化してきている。

　同じボルネオ島内に位置する隣国ブルネイには、首都バンダルスリブガワンの市内を流れるブルネイ川沿いに1,000年の歴史をもつ水上住居群「カンポンアイール（水の村）」がある。この村は約40の水上集落から構成されており、市の人口の約25%にあたる3万人が生活している。最盛期の1970年代には6万人ほどが生活していた。住民はムスリムであり、水上集落にはモスクも建てられ、他に学校、警察、病院、商店、ガソリンスタンドなどもある。水上住居は高床式でコンクリート造か木造で、電気・水道などのインフラも整備されている。1,000年ほど前、漁業や海上貿易を行ううえでの利便性から、川のなかに水上住居が建てられ発展してきたが、ブルネイが石油や天然ガスを産出する世界有数の富裕国になり、税金や医療費、教育費が無償になると、住民は次第に水上住居を捨て陸上に住むようになった。カンポンアイールは衰退し、その動きに政府も同調していたが、今世紀に入り政府は伝統的な水上住居の保全と復興に舵を切り直し、新しい住居の建設に力を入れるようになった。

　タイのアユタヤは、四方を流れる河川を活かして交易都市として繁栄し、19世紀から20世紀前半ごろまではこの河川に筏式住居が多数浮かん

でいた。その様子は当時の古い写真から類推できる。その後、治水対策による水路の埋め立てや残された水路での土砂堆積、それによる淀みの発生や水質悪化など、水上生活を妨げる状況が次第に増えることで筏住居はその姿を減らすことになる。そのため、浮かぶために設けられた浮函基礎を捨て、係留場所付近の陸域に据えられた杭基礎の上に居住部だけを移築して、新たな高床式住居に様変わりしたものが多数ある【写真13〜15】。

　こうして建てられた高床式住居では、浮函基礎部分の材料を転用しチャーンやノークチャーンを増設することで、広い床面積を持った住居となっている。また、陸上がりした高床式（筏）住居は一見しただけではもともとの伝統的な高床式住居とは区別がつけにくいが、高床を構成する杭材をよく見るとその違いがわかる。もともとの高床式住居の場合は、地面に立てられた杭材がそのまま住居部の通し柱として使われているが、筏転用の高床式住居では、人工地盤状につくられた床面を支えるように杭が立てられており、上部の住居部を支持するような通し柱としての使い方はされていないことがわかる。そして、近年になり高床式筏住居を再びもとの筏住居の姿に戻して水面に浮かべる計画が進められている。

写真13　タイ、元筏住居。筏住居を陸に上げて高床式住居に再生

写真14　杭材の柱が通し柱になっていないことで元筏住居とわかる

写真15　タイ、伝統的な高床式住居

タイの隣国ミャンマーのインレー湖はトンレサップ湖同様に氾濫湖である。そのため、土地が浸水することを想定してか、雨期乾期問わずに湖面の水上には集落が11か所ほどある。集落を形成する住居はどれも高床式住居であるが、比較的近代的な様相を見せるつくりでトタン屋根に板張りが多い[写真16]。各住居は水路によって区画割がされており、住居の周囲には庭となる部分の水域があり、畑がつくられている。畑ではトマトが水耕栽培されている。また、畑は水深の浅い場所では泥を盛り上げ、深いところでは浮かぶ畑となっている。近年、国の民主化政策が進むことで、海外からの観光客が増加し、湖岸や湖面にリゾートホテルが増えている。湖で育てられたトマトは地元ブランドとしてホテルで食材として供されている。湖には観光客相手の水上マーケットやレストラン、土産物店が増え、観光ツアーも増加している。氾濫湖特有の浸水被害を免れるための湖面の水上集落は、今や稀有な風景として観光資源として地域おこしに生かされている。

　水上住居とその生活は、水辺を舞台にして部分的な社会形成を図ってきた。しかし、陸域側からの文化的、経済的、社会的な環境圧が外的・内的な変化要因として水上住居に作用している。これまで培ってきた居住空間や生活様式は変化を余儀なくされ、近代的な住居への変容傾向を強めている。

写真16　ミャンマー、インレー湖。水上住居はトタン屋根が増えてきている

アジアの水上居住文化

フィリピン・パラワン島のバランガイ
p.034〜

タイ・パンイ島の海上集落

p.076〜

インドネシア・
フローレス島の
元漂海民集落

p.058〜

カンボジア・
トンレサップ湖の
湖上集落

p.090〜

雨期

乾期

031

インドネシア・テンペ湖の浮家住居

p.120〜

032　アジアの水上居住文化

Chapter 2

アジアの水上居住の変化

フィリピン・パラワン島の
バランガイ

プエルトプリンセサ市の水上集落

　フィリピン共和国は、人口約1億300万人（2016年）[*1]、7,109[*2]の島から
なる群島国家である。宗教文化圏は大きく分けて、キリスト教・イスラム
教・山岳アニミズム（精霊信仰）の3つがある。1380年にスールー諸島にア
ラブ人のイスラム教伝道師が到来して以来、中国や東南アジア、インド、
中東との海上交易を行っていたムスリム（イスラム教徒）商人もフィリピン
にやってくるようになり、その勢力はマニラまで拡大した。その後、16〜
19世紀にマニラを含む国の大部分がスペインの領土となり、キリスト教
が布教されたが、西南ミンダナオ島のムスリムは最後まで征服されず、今
でも存在している。

　ところで、フィリピン南部の島々とマレーシア・ボルネオ島東北岸で囲
まれたスールー海域は、多島海の内海のため穏やかで、1年を通じて28℃
以上の暖かい海水域に囲まれており、家船【写真1、2】に乗って暮らす漂海民バ
ジャウ族がいることで有名である。バジャウ族もムスリムである。漂海民
といっても、数日に一度は近くの陸に上がり陸上の人と交易をするため、
陸上の生活者と完全に切り離された存在ではない。そのため、漂海民バ
ジャウ族にも近代化の影響が及び、多くのバジャウ族は漂海していた近
くの沿岸に杭上家屋を建てて定住化し、海藻を栽培したりガソリンエン
ジンを使用した船で漁をするようになった。そのためか、フィリピン南部
やスールー諸島、ボルネオ島などの海岸には、国家が異なってもよく似た
様式の水上集落が見られる。

　バジャウ族は、もともと海の上で生活していたので土地を所有すると
いう意識が低い。さらに、バジャウ族の帰属意識は定住した国家ではなく
彼らの血縁集団にあり、そのコミュニティはバジャウ族の日常生活のあ

*1　世界銀行統計
*2　外務省

034　　Chapter 2　　アジアの水上居住の変化

写真1　マレーシア・センポルナの水上集落で使われている漂海民の家船

写真2　テンペルという比較的新しいエンジン付きの小型船

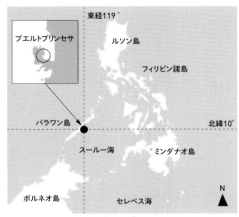

図1 フィリピン・パラワン島、プエルトプリンセサ市の位置

らゆる場面で重要な意味をもっている。そのため、バジャウ族がつくった集落は、区画された宅地に核家族ごとの住居を建てる陸上の住宅地とは大きく異なり、隣家や共有の通路などと一体的につくられた独特の生活空間が見られる。

　スールー海域に面した湾を囲んで形成されている都市のひとつに、パラワン島のプエルトプリンセサ市（北緯10°東経119°）がある[図1]。人口は1900年ごろは約1,200人だったが2007年には21万人を超えるほどに急増した、比較的新しい都市である。市の中心部は、遠浅で穏やかな湾に面しており、その海岸沿いに水上集落群[写真3、4]が形成され、現在でも多くの人々が漁業を営みながら生活を送っている。一部にはムスリムも居住しているが、現在、ほとんどの住民はキリスト教徒（カトリック）である。彼らの祖先が漂海民バジャウ族であったか否かは定かではないが、今も漂海しながら暮らすバジャウ族[写真5]との交流はある。

集落単位でもある血縁集団バランガイ

　プエルトプリンセサ市の中心部には、27の陸上バランガイと8つの海上バランガイ[図2]がある。バランガイとは、1521年にポルトガル人の航海者マゼランが、ヨーロッパ人としてはじめてフィリピンに来航したときに乗った船を意味する言葉である。それが、ひとりの首長が率いる部族集団

写真3　プエルトプリンセサ市の水上集落（海に面して建ち並ぶ水上集落。手前から奥の家屋まですべて水上家屋）

写真4　プエルトプリンセサ市の水上集落

フィリピン・パラワン島のバランガイ　　037

写真5　漂海民バジャウ族　　　　　　　　写真6　お仕置き用の牢屋

図2　プエルトプリンセサ市のバランガイ配置図

038　　Chapter 2　　アジアの水上居住の変化

や親族集団にも使われるようになり、今ではフィリピン全土で行政区の単位を示す言葉として使われている。この都市でも、水上集落だけでなく陸上の一般的な住宅地も含めた行政区分として、バランガイという言葉が使われている。

海上のバランガイは、陸上のバランガイに比べ高密度な集落である。人口は数百〜数千人で、バランガイ・キャプテンと呼ばれる血縁集団の長が各集落を統治している。子どもの教育もバランガイ住民の大人たちが協力して行うのが習慣となっており、子どもが悪いことをしたら住民手づくりの牢屋でお仕置きをする【写真6】。

バランガイ・シーサイドの空間構成

前書『アジアの水辺空間』で取り上げたプエルトプリンセサ市の水上集落の調査内容では、バランガイ・パガカカイサを例に取り上げ、集落の空間構成概要と集落形成過程、オープンスペースの存在などについて触れている。ここでは、バランガイ・シーサイドのすべての家屋の実測や、さまざまなテラスの使われ方などについて、より詳細に調査したものを紹介したい。また、このフィールド調査は、2000年3月と8月、2001年8月、2002年8月と12月の5回にわたって実施したため、前書での調査以降の変遷を把握する意味もある。

表1は、プエルトプリンセサ市の都市計画に関する業務を担当する行政機関（City Planning Cffice of Puerto Princesa）の統計データをもとに、8つの水上集落の人口・土地面積・人口密度を整理したものである。これを見るとバランガイ・シーサイドは、パガカカイサに次いで人口密度が高

表1　水上集落の人口・土地面積・人口密度（1995年）

バランガイ名	人口（人）	土地面積（ha）	人口密度（人/ha）
Bgy.Pagkakaisa	1,527	0.734	最大 2,080
Bgy.Seaside	1,502	1.050	1,430
Bgy.Tagumpay	1,138	10.263	最小　110
8バランガイの合計	13,251	44,638	—
8バランガイの平均	1,656	5,580	676
陸上バランガイの平均	3,011	543.380	62

く、図2より海上に家が建っている割合も高い集落であることがわかる。なおこの表では、バランガイ・シーサイドの人口が1,502人となっているが、現地でのヒアリングでは、約2,400人の住民がいるとのことであった。これは、住民登録をしていない子どもたちが多くいて、行政も正確な人口を把握できていないためである。

　この集落の住民の多くは漁業を生業としており、細長い構造で、両脇にアウトリガーと呼ばれる浮子（ウキ）が張り出したカヌー【写真7】を水上の移動に使っている。集落の設備は、陸地から電線が引かれており、照明やテレビ、洗濯機といった一般的な家電製品も揃っている。また、所々に街灯も設置されている。飲料水はミネラルウォーターで、その他の生活用水は水道水か共有の井戸を利用し、下水は海へ垂れ流している。

　図3は、バランガイ・シーサイドを実測して作成した配置図である。陸側からバランガイの入口であるゲート【写真8】をくぐると、広場としての機能も兼ねたバスケットボールコート【写真10】にたどりつく。これはバランガイの住民が集うことができる唯一の場所で、夕方になると子どもたちのほぼ全員が集まり、ボール遊びなどをしている。住民の動線となる主要通路は、海岸線と直交する椰子の木でつくられた幅約1mのデッキ【写真11、12】である。この主要通路はバランガイ内に計5本あり、最長のもので約110mも

写真7　ダブルアウトリガーのカヌー

写真9　バランガイ・シーサイドの集落案内板

写真8　バランガイ・シーサイドの入口

040　　Chapter 2　　アジアの水上居住の変化

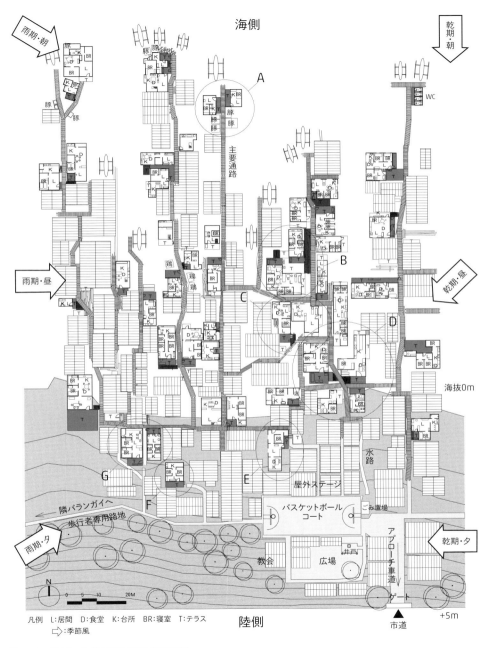

図3 バランガイ・シーサイドの通路とテラス、家屋の配置

フィリピン・パラワン島のバランガイ　041

写真10　バランガイの唯一の交流場所であるバスケットコート

写真11　集落内の主要動線となるデッキ通路

写真12　集落内の主要動線となるデッキ通路

ある。この主要通路沿いに家屋が10〜15軒ずつ並んでいる。バスケットボールコートから2、3軒は満潮時も浸水しない陸上家屋であるが、その先は水上家屋となる。この通路から狭い通路が直行方向に何本も派生し、なおかつ家屋が密集しているため、歩いていると自分の居場所がわからなくなる迷路のような空間である。

風通しのよい水上家屋

　家屋は、海底に木杭を打ち込んで、水上から約2〜3mの高さに竹の床を設けた高床の住居である[写真13]。壁はヤシの葉を編んだもので、屋根はヤシの葉かトタン葺きである。この建築材料は市街地の問屋で半製品として売られているため、集落の住民は自分で家の施工、修繕をすることができる[写真14、15]。家屋の面積は8〜63㎡と多様であるが、全体的に狭小なものが多い。また、家屋の床下に数十cmの空間を設け、豚や鶏などの家畜を飼育している[写真16]。一方、陸上家屋は、コンクリートの布基礎で木造2階建てが多く、壁と屋根は水上家屋と同じつくりである。

写真13　杭を打ち込んで海上に建つ水上家屋

写真14　市街地で売られている建材

写真16　水上家屋の床下で飼育する家畜

写真15　水上家屋の建設風景

　間取りは、いずれも玄関を入ると居間があり【写真17、18】、その奥に寝室・台所・浴室といった構成である。また、通路沿いにテラスを設け、それを玄関として利用している家も多い。その他、家屋の主体構造と一体化したテラスや、家屋と通路の隙間を埋めただけのテラスなどもある。テラス床の素材は半割の竹か椰子の木で、部材間には0.5〜3cmの隙間があり、風通しのよいものであった。

写真17　居間　　　　　　　　　　　　　　写真18　重要な生活空間、テラス。玄関を兼ねている

重要な生活空間であるテラス

　このバランガイの大きな特徴は、各家屋と主要通路であるデッキをつなぐ配置にあり、さまざまな形がある[図4〜7]。これらのテラスは日常生活のなかで重要な場所として使われている。たとえば、昼寝や物思いなど個人の休息や炊事や洗濯といった家事、網繕いや船製作、魚の売買といった仕事の場などに使われている。すべて個人所有のものであるが、友人との団らんや酒盛り、子どもたちの遊び（トランプ、ゴムとび、魚釣りなど）などの交流の場として使われていることも多く、その用途は多岐にわたる。それゆえ、テラスは集落の住民にとって必要不可欠な生活の場所となっている。
　ちなみに友人や家族との団らん、子どもの遊びといった行為には9㎡以上の比較的大きなテラスを利用しており、間口も広くつくられていた。それらは時に、子どもたちに勉強を教えるなどの公的な場所としても提供されていた。一方、おもに昼寝や物思いといった個人で使うテラスは、入

図4 家屋とテラスA

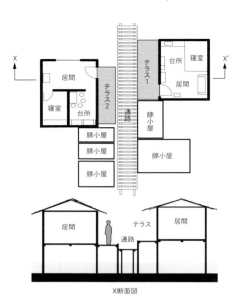

時刻別に見られた行為
テラス1

	雨期	乾期
朝	団らん	団らん
昼	団らん	団らん 昼寝
夕	網繕い	団らん

テラス2

	雨期	乾期
朝	団らん	団らん
昼	団らん	網繕い
夕	炊事	炊事

図5 家屋とテラスB

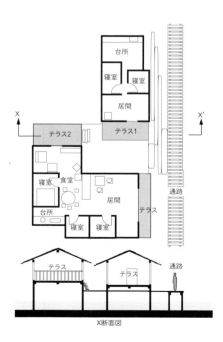

時刻別に見られた行為
テラス1

	雨期	乾期
朝	洗濯	物思い
昼	網繕い	昼寝
夕	団らん	団らん

テラス2

	雨期	乾期
朝	遊び	遊び
昼	昼寝 網繕い	遊び
夕	網繕い	遊び

046　Chapter 2　アジアの水上居住の変化

図6　家屋とテラスC

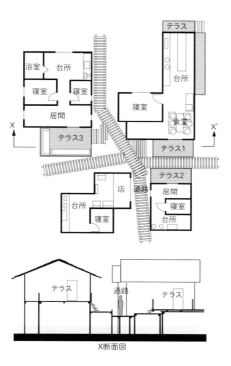

時刻別に見られた行為
テラス1

	雨期	乾期
朝	遊び	団らん
昼	昼寝	網繕い
夕	食事	食事

テラス2

	雨期	乾期
朝	炊事	物思い
昼	遊び	
夕	食事	遊び

テラス3

	雨期	乾期
朝	団らん	物思い
昼	遊び	遊び
夕	遊び	

図7　家屋とテラスD

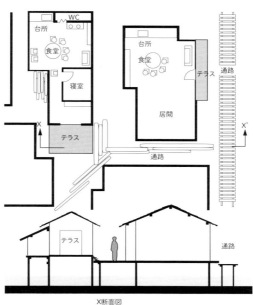

時刻別に見られた行為

	雨期	乾期
朝	炊事	物思い
昼	遊び	昼寝
夕	団らん	物思い

フィリピン・パラワン島のバランガイ

写真19　子どもの交流の場

写真20　仕事の作業場

写真21　家族の団らんの場

写真22　他人の家のテラスにも自由に出入りする

ロを狭くするか、床を通路から0.5〜1m程度高くするなどの工夫がなされていた。さらに、バランガイの住民は皆顔見知りなので、他人の家のテラスに自由に出入りしている光景がよく見られた。そのためか、高密度な環境で家屋もかなり狭小だが、心理的な窮屈感はない【写真19〜22】。

快適なテラス

　この地域は、12月から5月が乾期で、その前半の11月から2月は比較的涼しくしのぎやすいが、3月から5月は昼間で35℃〜40℃、夜でも27℃と相当暑い。6月から11月は雨期で、台風やモンスーンもともなう。

　表2は、プエルトプリンセサ市内の空港にある気象観測所が把握した雨期と乾期の観測データ（2001年12月〜2002年11月）をもとに、おもな風向と風速の平均値をまとめたものである。この値をこの地域の季節風と考えて、バランガイ内に吹く風と比較してみたい。

　バランガイ内の風向と風速は、水上テラス34か所と陸上テラス3か所の計37か所で測定した【図8】。その結果、風向は、両季節とも季節風とほぼ同じであることがわかった。また風速は、海側にある家屋に遮られて、陸側に近づくほど弱かったが、水上のテラスには、季節・時刻によって変化しながらも、つねに風が吹いていた。

　このバランガイの温度・湿度を測定した結果を表3と表4に示す。この実測は、バランガイ内の風速実測と同時に行った。表3は、37か所の実測結果の平均値である。表4は、41ページ図3の水上家屋のテラスA〜Dと陸上

表2　プエルトプリンセサに吹く季節風

季節	雨期（6〜11月）			乾期（12〜5月）		
時刻	朝	昼	夕	朝	昼	夕
風向	北西	西	南西	北	北東	東
風速（m/s）	1.3	3.28	2.17	7.33	8	8.17

表3　テラスの温度・湿度の平均値

季節	雨期			乾期		
時刻	朝	昼	夕	朝	昼	夕
温度（℃）	29.2	33.5	29.6	28.7	31.4	29.7
湿度（%）	73.4	59.9	76.9	74.7	63.2	66.4

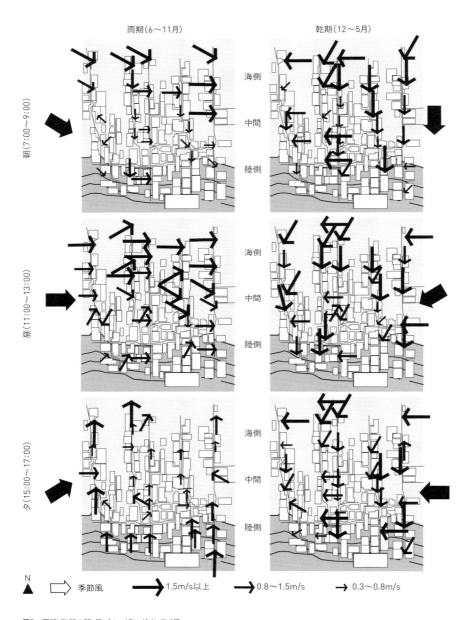

図8 雨期・乾期の朝・昼・夕にバランガイに吹く風
・実測日時……雨期（2002.8.31〜9.15）と乾期（2002.12.10〜12.21）の各2日間、朝（7：00〜9：00）・昼（11：00〜13：00）・夕（15：00〜17：00）
・実測地点……集落内37か所（34か所の水上テラスと3か所の陸上テラス）の床上1m
・実測方法……5本の通路に調査員を一人ずつ配置し、海側から陸側に向かって一斉に測定した。各測定点で東西南北の風速を5回ずつ測定し、最大の値を示した時の風光と風速を測定値とした
・実測機器……デジタル風速計（CUSTOM CTH990）

表4　水上テラスと陸上テラスの風速・温湿度の比較

		テラスに吹く風速(m/s)						温度(℃)						湿度(%)					
		雨期			乾期			雨期			乾期			雨期			乾期		
		朝	昼	夕	朝	昼	夕	朝	昼	夕	朝	昼	夕	朝	昼	夕	朝	昼	夕
水上テラス	A-1	1.0	1.3	0.6	5.3	4.2	2.0	29.6	33.6	29.6	29.3	30.0	29.4	72.0	59.0	75.0	73.0	67.0	68.0
	A-2	1.0	1.3	0.6	5.3	4.2	2.0	29.6	33.6	29.6	29.3	30.0	29.4	72.0	59.0	75.0	73.0	67.0	68.0
	B-1	0.3	0.3	0.3	1.2	1.2	1.6	29.0	33.6	30.3	28.6	30.6	29.6	74.0	61.0	76.0	74.0	67.0	63.0
	B-2	0.3	0.3	0.3	1.2	1.2	1.6	29.0	33.6	30.3	28.6	30.6	29.6	74.0	61.0	76.0	74.0	67.0	63.0
	C	0.3	0.4	0.3	1.0	0.9	1.0	30.0	34.0	30.0	28.0	31.0	29.0	73.0	60.0	77.0	74.0	67.0	63.0
	D-1	0.3	0.4	0.6	0.4	0.4	0.6	29.0	33.6	29.9	28.6	32.0	30.0	74.0	60.0	75.0	75.0	62.0	65.0
	D-2	0.3	0.4	0.6	0.4	0.4	0.6	29.0	33.6	29.9	28.6	32.0	30.0	74.0	60.0	75.0	75.0	62.0	65.0
	D-3	0.3	0.4	0.6	0.4	0.4	0.6	29.0	33.6	29.9	28.6	32.0	30.0	74.0	60.0	75.0	75.0	62.0	65.0
陸上テラス	E	0.2	0.4	0.6	0.5	0.5	0.7	28.0	34.5	28.0	28.0	31.0	30.0	74.0	53.0	78.0	80.0	60.0	64.0
	F	0.2	0.4	0.6	0.5	0.5	0.7	28.0	34.5	28.0	28.0	31.0	30.0	74.0	53.0	78.0	80.0	60.0	64.0
	G	0.2	0.4	0.6	0.5	0.7	0.7	28.0	34.5	28.0	28.0	31.0	30.0	74.0	53.0	78.0	80.0	60.0	64.0

家屋のテラスE〜Gの風速と温湿度の測定値である。これより、水上家屋のテラスは陸上家屋のテラスに比べて約1℃低いことがわかった。また、テラスAは海側に位置するため、陸上のテラスよりやや強い風が吹いていた。テラスBとCは、周囲に家屋が密集しているため、テラスAより風速が弱いが、それでも陸上のテラスE〜Gに比べてやや強い風が観測できた。テラスDは、水上とはいえ陸側に位置するため、陸上家屋のテラスと近い測定値であったが、多くの住民が行き来する交差点であるため、いつも賑わっていた。

　テラスB〜Cのように、家屋が密集していながらも陸上より快適な環境ができている要因として次のことが考えられる。たとえば、家屋の床下を海風が通り抜け、テラスと通路のレベル差などから風がテラス内に抜けているか、隣り合う家屋のテラスが向き合うように配置されていることで、風の道が確保されていることなどである。

　住民の多くは漁業を営んでいるため、仕事は早朝と夕方以降の時間帯に行い、日中の暑い時間帯はテラスで団らんをしたり遊んだりしていることが多い。そこで、前掲の風速や温湿度の実測時に、テラスで行われている行為の観察と、行為を行っている人がその家屋の住民か否かのヒア

フィリピン・パラワン島のバランガイ　051

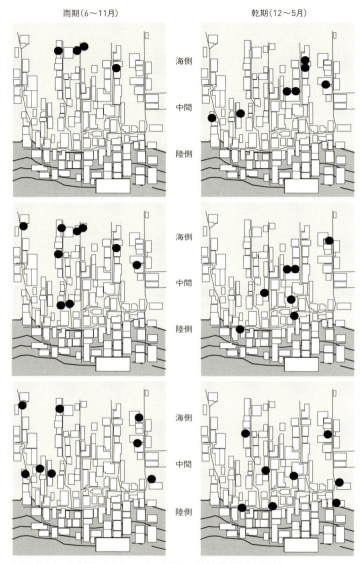

● そよ風(0.8〜1.5m)が吹き、なおかつ他の家族との交流行為が見られた地点
　そよ風とは、気象庁で使われている風力階級(ビューフォート風力階級)のこと

図9 そよ風が吹き、かつ他の家族との交流行為が見られたテラス
・調査日時……雨期(2002.8.31〜9.15)と乾期(2002.12.10〜12.21)の各2日間、朝(7:00〜9:00)・昼(11:00〜13:00)・夕(15:00〜17:00)
・調査地点……集落内37か所(34か所の水上テラスと3か所の陸上テラス)
・調査方法……風速、温湿度の実測時にテラスで行われている行為を観察し、その時、行為を行っている人がその家屋の住民か否かをヒアリングした。

リングも行った。その結果と風速実測結果を用いて、テラスにそよ風（0.8〜1.5m/s）が吹いていて、なおかつ他の家族との交流が図られている地点をプロットしたものが図9である。実測時は、乾期よりも雨期の方が暑かったせいか、雨期には海側のテラスに住民が集まっている様子がわかる。また、季節や時刻が変わると、人が集まるテラスも変わることもわかった。このことから、ほどよく風が吹いているテラスを住民が選んで利用していると考えられる。そんなことができるのは、このバランガイ住民が皆顔見知りであるからであろう。

残せなかった高密度の水上集落

水上集落の暮らしは時代とともに変化し、下水道が未普及のまま人口が増加したため、水質汚染の問題などが生じている。そこで、政府は水上集落の移転施策をとり、バランガイ・マンギンギスダ【図10、11】【写真23、24】という海から離れた陸上の過疎地に、約50haの住宅地を開発した。そこには、3.6m四方（約4坪）／戸のコンクリートブロック造の平屋家屋が整然と建ち並び、水上集落にあったようなテラスは設けられていない。これらの現代住宅では、エアコンに頼って生活することを前提としているため、わざわざ屋外空間をつくらないのであろう。

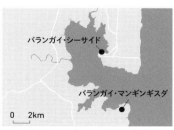

図10　移転先バランガイ・マンギンギスダの位置

写真23　バランガイ・マンギンギスダ

図11　新集落の計画図

写真24 新集落の家屋

　また、お金が貯まった住民から移住することになっており、バランガイごとに移住できるわけではない。そのため、漁業を営んできた血縁集団のコミュニティが変わる可能性も高い。また生業を変えざるを得ない住民もいるだろう。さらに、集落の血縁集団が別々の土地に暮らすことになると、これまでのように集落の大人たちが協力して、皆の子どもを教育することも難しくなる。

　ところが、2003年の選挙で水上集落住民の票を集めた新市長が、この移住政策を中止したという。ヒアリング時には、新しい集落に引っ越したいという声もあり、住民が移住政策に大反対しているという雰囲気ではなかったので、移住政策中止の理由は定かではない。

　これでプエルトプリンセサの水上集落も残されるのかと思ったら、翌年の夏、隣のバランガイの出火によって、バランガイ・シーサイド周辺の水上家屋がすべて焼失してしまった【写真25】。復興には政府も関与しており、今後の被災規模の軽減策として、かつてのような高密度な居住空間はつくられないことになった。

　同じころ、ブルネイの水上集落カンポンアイでも同じようなことが起きていた。政府がモスク付近の住民に、陸地への移住を勧めていたのである。しかし、住民の同意を得られず、モスクから離れた場所に新しい水上集落を建てることで決着した。この新しい水上集落は日本の建設会社

写真25　焼失したバランガイ・シーサイド

写真26　ブルネイ・カンポンアイルの新水上集落

による設計施工で、テラスはつくられていない【写真26】。それゆえ住民が自らテラスを増築しているところが見られる【写真27】。柵とテラスを同じ色で塗装しているものの、通路の柵が金属製のため簡単に外せないため、どうやって出入りするのかわからない不自然な形になっている。

　この集落の住民は、プエルトプリンセサの住民とは違い、経済的には裕福で、高級なモーターボートで通勤している人もいる。また水上で生業を

写真27 住民が自ら設けたテラス

営む漁民でもない。彼らは、単に陸上よりも水上の方が快適だからという理由で、陸上への移住を拒んでいた。生業や経済力が違うとはいえ、プエルトプリンセサ市のバランガイも、出火による被災規模を軽減するために建設会社が設計すると、このような復興の形になってしまうのだろうか。

風通しのよい水上の暮らし

　この集落は、高密度な環境であっても、個人所有のテラスを皆で利用することで窮屈さを軽減し、またテラスの配置やつくりを工夫することで、陸上よりも涼しい環境をつくり出していることがわかった。このような住居の集合体がつくれるのは、バランガイが血縁集団で構成されている組織であるからだろう。血縁集団がつくり出した空間で、子どもたちが大人たちに見守られながら、毎日のびのびと遊んでいる光景が強く印象に残った[写真28]。大人たちも、我々のような外国人をいつも笑顔で迎えてくれ、家屋内部も自慢気に見せてくれた。

　ひとつの家屋で完結しないテラスのつくり方や使い方は、我が国においても、新たなまちづくりや集合住宅の計画する時、設計者がつねに意識することでもある。しかし、水上集落にはもうひとつの特徴がある。それ

は、床の下に大きな空間があることだ。その床下空間を風の道として利用する手法は、高温多湿な日本においても参考にできる。といっても水上での暮らしを実現するのは難しい。海上となると、とりわけさまざまな法律的なハードルが発生するのが先進国の実情であろう。しかし、水辺や水上の環境価値が見直された現代において、このバランガイは新たな水とのかかわり方に有用な示唆を与えていると感じる。

写真28 ボートを遊び道具にする子どもたち

フィリピン・パラワン島のバランガイ

インドネシア・フローレス島の元漂海民集落

定住化する漂海民

　漂海民のバジャウ、オラン・ラウト、モーケン族などの少数民族は人生の大半を、漁場を追ってワンダリングしながら海の上で過ごしてきた。しかし、近年、沿岸諸国が定住化政策を推進しているため、大海原を漂海する生活を捨て、沿岸部の波の静かな入江や河口部に住居を建て、生活と漁を区別した暮らしを営むものも増えている。フィリピン・パラワン島などでもバジャウ族の集落が形成されている。ただ、住居形態は水際に杭を打ち込む高床式が多く、定住する上でも海の上に生活の場を構える習慣が継承されている。ところが、インドネシア東部の島嶼地域、ヌサンテガラ州フローレス島においては、バジャウ族が定住場所として選ぶのは海の上ではなく海浜部の陸地であることが多い【写真1】。陸上がりしたバジャウ族が、海浜に集落を形成してきた過程を捉えるため現地を訪れた。

ラブアンバジョ＝バジャウ人の港

　フローレス島は、1992年12月12日に発生したM7.5の地震と津波により大きな被害を受けた場所である。この島はインドネシアの東ヌサンテガラ州に属し、インドネシア南部のバリ島からティモール島の間にある小スンダ列島の島嶼部に位置する。ここはサーファーの聖地スンバワ島やコモドオオトカゲが生息する世界自然遺産のコモド島などがあり、島々はそれぞれ異なった自然環境を見せる。地勢としてロンボク島から東側のフローレス島を含む島嶼地域は、オーストラリア大陸との共通性が見られる。大陸性高気圧の影響を受け、年間を通して雨がほとんど降らない乾燥地域である。

写真1　陸上がりしたバジャウ族の集落

写真2　港町ラブアンバジョ

インドネシア・フローレス島の元漂海民集落　　059

日本からは、ジョグジャカルタを経由して西の玄関ラブアンバジョか東の玄関マウメレから入るのが一般的である。「ラブアンバジョ（Labuhanbajo）」という地名は、インドネシア語で「漂海民バジャウ人（Bajo）」の「港（Labuhan）」を意味する【写真2】。バジョの名前の付いた地名はこの他十数か所あるが、これは門田修『海が見えるアジア』（めこん、1996年）によるとバジャウがたどりついたことに由来して付けられたとのこと。湾は広く、波が静かで、周辺の離島を結ぶ拠点港として活況を見せる。また、島内のルテンやスンバワ島サペ、バリ島デンパサールへの流通ルートが構築されており、集出荷拠点として重要な役割を果たしている。近年、港周辺の市街地はコモド島への観光拠点として、観光客向けのホテルや英語のメニューのあるレストランが2kmほどの道路沿いに軒を並べる。おもに欧米や豪州からの観光客を相手に商売が行われ、町は観光客と地元漁民が混在しながら賑やかな雰囲気を生み出している。

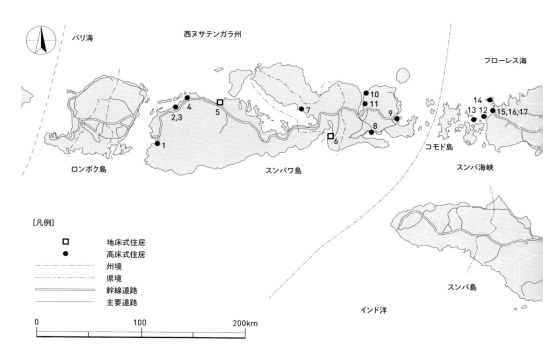

図1　高床式住居と地床式住居の分布

海峡の漁村の住居形態と集落形態

　フローレス島は、フローレス海とインド洋を隔てる海峡に位置する。この海峡で深海域と浅海域の海流が合流するため、周辺海域には豊富な漁場が形成されている。そのため、島嶼の沿岸部には漁村集落が多数立地する。この地域は、5〜10月が乾期で、11〜4月にかけて雨期になる。ただ、大陸性高気圧の影響を強く受け、乾燥程度が高く土地が痩せているため、農業よりも漁業が生活の糧となっている。スンバワ島とフローレス島の場合、両島には合わせて32か所の漁村集落が点在している[図1]。波の静かな環礁内の入江に集落が形成され、立地ごとに住居形態の相違を見せる。フ

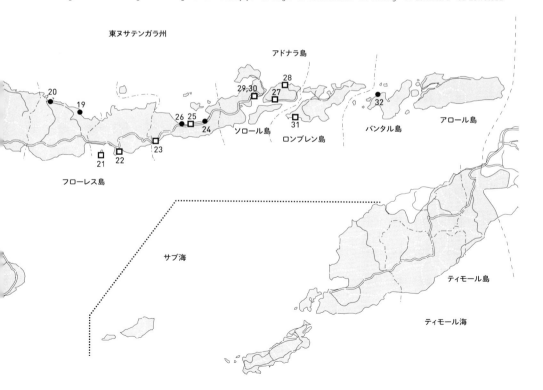

1 Labuan Lalar　2 Labuan Alas　3 Pulau Bungin　4 Bua　5 Labuan Sumbawa　6 Jara Nanganae　7 Kempo (Solo)
8 Waworada (Rompo)　9 Sape　10 Kolo (Nanganae)　11 Tanjung　12 ククサン　13 メッサ　14 セラヤ　15 ラブアンバジョ
16 Gorontalo　17 Ujung　18 Reo (Robek)　19 Marakopot (Nangadero)　20 Riung　21 Pulau Ende　22 Arubara　23 Paga
24 Nangahare　25 Geliting　26 Wuring　27 Lamahalajaya　28 Sagu　29 Mokantarak　30 Delang　31 Lamalera　32 Lewoleba

インドネシア・フローレス島の元漂海民集落

ローレス島の東部には、地床式住居による漁村集落が11か所あり、スンバワ島とフローレス島の西部には、高床式住居による漁村集落が21か所ある。漂海民であるバジャウ族がこうした地域に集まり集落を形成してきたのは、その土地を統括する首長の許可が得られれば定住できるとしたインドネシアの国策が後押ししているためである。

　スンバワ島とフローレス島に見られる漁村集落は、どこも住居が高密度に配されているが、集落ごとに住居の立地場所とその配列形態にも相違が見られる。その特徴をまとめると次のようになる。①陸域の汀線に沿って海上に住居が並列に配置された集落形態（1集落）。②満潮時の汀線に沿うように列状に住居が配列された集落形態（2集落）。③海浜背後の後浜に住居が配列された集落形態（19集落）。④満潮時の汀線周辺から後浜までに住居が配列された集落形態（10集落）【表1】。

　島嶼地域の集落形成は、資源立地の観点から漁場に最も近い陸域が選ばれるが、そのなかで、水の確保や可住地面積など、住むうえでの条件が

表1　高床式住居と地床式住居の分布　　　　　　　　　　　　　　　　（凡例は61ページ図1に対応）

	住居の立地場所			住居形式				集落番号
	海上	満潮時汀線	後浜	地床式住居	基壇+地床式住居	高床式住居	基壇+高床式住居	
I	●				●			26（海上集落）
	●					●		
	●						●	
II		●				●		15
		●					●	17
III			●	□				5, 6, 21, 22, 23, 25, 27, 29, 30, 31
			●			●		1, 2, 9, 10, 11, 16, 18, 19, 24
IV		●			□			28（半海上集落）
		●		□				
		●					●	32
		●		●				
		●					●	3, 12
		●	●			●		4（半海上集落）、7, 8, 13, 14, 20

062　　Chapter 2　　アジアの水上居住の変化

整っている場所から始まる。良好な場所がなくなると、必ずしも居住条件が十分でない場所も定住地として活用され、集落が形成されてきた。人口が増加するにつれ、海岸線付近から後浜まで隙間なく密集した住居配列を見せるが、多くの集落が海岸線に珊瑚礫の護岸をつくり可住地の拡大を図っている。そのなかで、フローレス島シッカ県のウリン集落は、島嶼部から離れた海面に海上立地する集落形態を見せる。フローレス島においては、こうした海上立地の集落は意外にも少ない。一方、島のなかで可住地の拡大を図っても、受け入れられる人口規模は限られているため、物理的な面積規模の拡大策を取るのではなく、産児制限を行うことで人口増加を抑制することも行われている。

集落を構成する高床式住居にはふたつの形態がある。海中に柱を立てるものと珊瑚礫で基壇となる人工島を築き、その上に高床式住居を建てるものがある。また、基壇の上に地床式住居を建てるものもあった。基壇をもつものはどちらも基壇天端を最高潮位よりも高い位置に嵩上げすることで、住居への冠水を防いでいる。基壇のない高床式住居の場合は、干満周期の最高潮位よりも高く床を持ち上げている。

こうした住居形態と集落形態の形成過程を捉えるため、フローレス島の北東部の島嶼に位置する3漁村で現地踏査を行った【図2】【表2】。

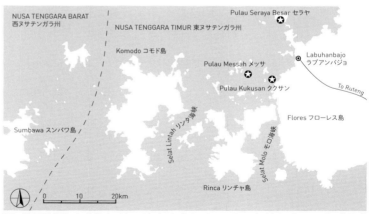

図2　調査対象集落、メッサ（Pulau Messah）、セラヤ（Pulau Seraya Besar）、ククサン（Kukusan）の位置。集落規模や成立年代の差異にもとづいて選んでいる

表2 集落の環境特性と調査概要

所在地		Kec. Komodo / Kab. Manggarai / NusaTenggara Timur / Inodonesia インドネシア／東ヌサテンガラ州／マンガライ県／コモド郡		
集落名		Pulau Messah メッサ	Pulau Seraya Besar セラヤ	Pulau Kukusan ククサン
集落形成		1900年ごろ	1930年中ごろ	1940年ごろ
自然環境特性	立地場所	南側尖角州	南側ポケットビーチ	南側尖角州
	年間の気候	5〜10月の乾期と11〜4月の雨期に二分		
	平均気温	31.3℃	33.0℃	32.0℃
	平均湿度	57.8%	52.9%	57.8%
	平均風速	1.3m/s	1.5m/s	1.5m/s
社会環境特性	人口	約1,600人	446人	約190人
	世帯数	約330世帯	104世帯	約40世帯
	宗教	イスラム教		
	民族	バジャウ	バジャウ（ブギスが数名混住）	バジャウ
	生業	漁業	漁業（自給のために農業）	漁業
	漁業技術	潜水漁、刺し網漁、手釣り漁業、バガン漁		
	漁港	なし		
	給電状況	数戸で自家発電	数戸で自家発電	発電機2基で全戸に供給
	給水源	ラブアンバジョから運搬	井戸	ラブアンバジョから運搬
	学校	小学校あり		
調査期間		2004/7/22〜26,28	2003/10/26〜31,2004/7/27	2004/8/6〜7
住居の実測調査		12戸	6戸	7戸
項目		平面、立面及び断面に加え、住生活財の書き込み		
住居群の実測調査		可住地と生産地を含む土地形状を作成し、住居配列及び朝夕にできる日陰を書き込んだ		
ヒアリング調査I		世帯構成員に対して家族構成、一日の過ごし方とその場所、住居内の場所の名称、住居建設年代及び住居更新の実績、日射や風などの自然環境に対する生活上の対策、漁船の有無と停泊場所		
ヒアリング調査II		首長及び集落内有力者に対して、地域資源を共同利用するための漁民の知恵や慣習の聞き取り		

フローレス島の集落の形態

　メッサは、ラブアンバジョから船で1時間余りのところに位置する。この島の人口は1,600人ほどで330世帯が暮らす。住居は377戸で、山の南側の平坦な砂質地盤上に、塊状をなすように密集して集落を形成してきた。同時に、小学校およびグラウンドが明確な境界をもって配置されている。コーヒーなどの果樹や低木のヤシは、高床式住居が建ち並ぶ居住地と明確な境界をもたずに点在している。海岸線沿いの住居は珊瑚礁を積み上げて護岸を築いている。集落を南北に3本の道が通り抜け、これらが広場や空地などの機能を果たしている。一方、東西には明確な道はなく、住居

064　　　Chapter 2　　アジアの水上居住の変化

の隙間を通り抜ける構成となっている【図3】【写真3】。集落内は住居が密集しているものの、高床式のため視線が通り抜け、見通しが効くため閉塞感はあまりない。

　セラヤは、ラブアンバジョから20kmほどのところに位置し、船で1時間ほどかかる。この島には、445人、104世帯が暮らしている。住居は110戸あり、山と海に囲われた南側の平坦地に集落を形成している。海岸線から順に、高床式住居が建ち並ぶ居住地、椰子やバナナの木が林立する生産地、小学校およびグラウンドが配列され集落空間が構成されている。海岸線沿いの住居地には、珊瑚礫で空石積みの護岸をつくるなど、土地の拡大を図る工夫が見られる。集落の骨格は、海岸線と平行して走る2本の道により構成されている【図4】【写真4】。

　ククサンは、ラブアンバジョから海岸線に沿って10kmほどのところに位置する。約190人、40世帯が暮らし、住居は50戸。海と山の間の狭隘な平坦地に高床式住居が列状に配置され、集落が構成されている。海岸線は、住居がない場所にも珊瑚礫の練り石積みや空石積みによる護岸が築かれている。ここも道によって集落の骨格が形成されている【図5】【写真5】。

　この3集落の漁業形態は、潜水漁、刺し網漁、手釣り漁業、バガン漁（刺し網）などで、イワシ、アジ、トビウオ、イカなどを水揚げしている。なかには珊瑚を破壊し、トラッシュ・フィッシュ（くず魚）を大量に出すことで問題視される底曳網漁も見受けられる。漁獲物の加工方法は、塩干加工のみと限られている。雨期は、天日干しに4〜5日間（通常は1〜2日間）を要することと、最漁期が重なるため、人手不足などにより十分乾燥できず、商品価値の低い加工品になっている。漁船は船外機も普及してはいるが、無動力船の占める割合が高い。小型漁船は砂浜に引き揚げられ、大型漁船は沖合に水面係留される。

　セラヤでは雨期になると、漁業とともに自給のための畑でトウモロコシやキャッサバの栽培が行われている。セラヤとメッサには食料品店や、日用雑貨店などの店舗も多く存在し、漁業や農業を生業としない住民も多い。家族形態は、基本的には核家族であるが、ククサンだけは狭小な土地で安定した集住生活を図る目的から子どもの数を3人までと出産規制が行われている。

インドネシア・フローレス島の元漂海民集落　　065

図3　メッサの集落形態

写真3　メッサの高床式住居

図4　ヤラセの集落形態

写真4　ヤラセの高床式住居

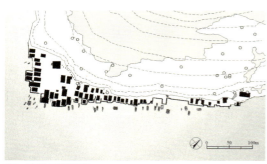

図5　ククサンの集落形態

写真5　ククサンの高床式住居

066　Chapter 2　アジアの水上居住の変化

集落を構成する住居形式

　3集落はすべて高床式住居の平屋建てで、内部の構成は居間を中心とした大部屋形式であり、部屋の一角に寝室が設けられている。台所は部屋の奥に設けるものが多いが、古い住居では外に置かれている。住居には便所や風呂はない。住居は掘立て柱で建てられており、床までの高さはおおむね120～180cmである。屋根は切妻形式でそれぞれ意匠の異なる千木を有する木造一棟型となっている。屋根材は扱いやすさに加え、その薄さから熱伝導率が高く蓄熱することがない亜鉛めっき鉄板を使用しているものが多い。

　高床式住居床下の地盤面はバジャウ語で、「家の下」を意味する「モア（Moa）」と呼称され、固有の空間領域となっている。ここには通常、縁台が置かれており、日射しを遮り、海風の抜ける屋根付きの屋外空間として住民のだれもが使える私的共有空間の役割を果たしている。また、生活が日常的に営まれる住居内の床は「ダパール（Dapar）」と呼ばれている【図6】【写真6】。このダパールは、居間および客間である「ルアンタム（Ruang Tamu）」、寝室である「ルアンティドゥール（Ruang Tidur）」、台所である「ダプール（Dapur）」において、レベル差はない。

　ルアンタムはつねに集落の通路側に向けられる。また、入口部分に、「ペンドポ（Pendopo）」と呼ばれる露台を設け、玄関的空間として家（ウチ）と

写真6　応接セットの置かれたルアンタム

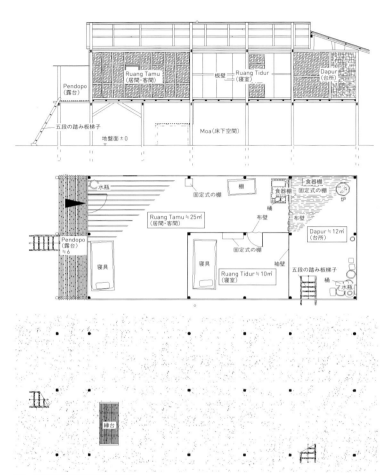

図6　典型的な高床式住居の平面図

　外部（ソト）をつなぐ役割を果たしている【図7】。このことから住居は高密度な漁村集落のなかで、集団領域と私的領域を段階的に分離させるための空間を設えていることがわかる【図8、9】。

　通路や道は近隣の住民間の交流の場となっているが、こうした空間に要求される機能は、可住地の制約をともなう島であるが故に必然的に複合的、重層的になる。また、床下の空間を私的共有空間として機能させることで、集落内の空間的な不足を補っている。「モア（家の下）」は、その役割を果たす意味で生み出されたと思われる。

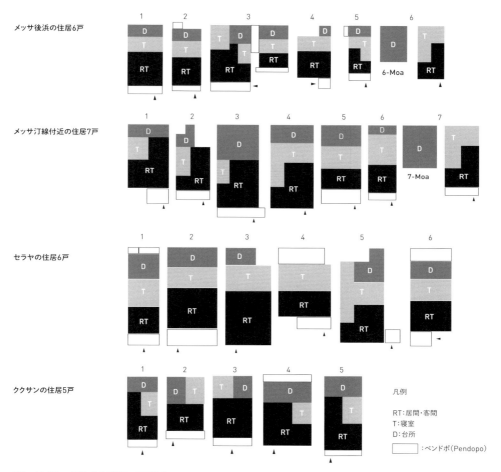

図7 それぞれの集落における住居の平面構成

　また、各住居間の隣接間隔は非常に狭いため、開口部は建物の正面に限られ、住居内のルアンタムおよびルアンティドゥールには小さな明り取り程度の開口部が設けられているに過ぎない。ダプールには開口部はなく、屋根の隙間から漏れる光を採り入れている。
　農山村や他の水上に見られる高床式住居の場合、床に半割の竹を並べることで床下からの通風に配慮していることが多い。しかしここでは、床を簀子状に敷いた住居は集落の半数程度しかない。ダパールを簀子状にしないことで、ダパールとモアの空間的独立性を保っているのだろう。

インドネシア・フローレス島の元漂海民集落

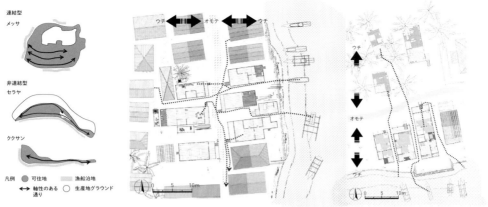

図8 漁船の泊地と通りの位置関係とその事例（中央はメッサの住居群、右はセラヤの住居群）

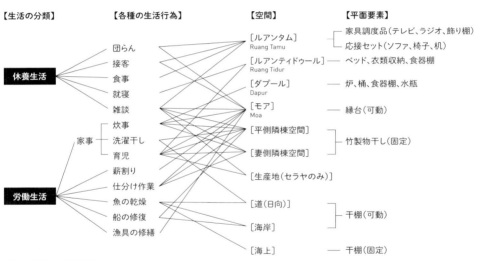

図9 生活行為と空間の関係

集落空間と住居の配列

　メッサは3集落のなかで最も古い。1900年ごろは10戸ほどの住居しかなかった。セラヤは1930年ごろにわずか3戸で、ククサンは1940年ごろに3戸だった。その後、定住人口が増えていき集落が形成された。住居の配列は、定住時に各集落の首長と協議して決めているが、各集落で類似性が高く、壁面開口部をもたないウラ（背中側）を海側に向けている【図10】。どの集落も初期のころは、海に接して住居を建てるほど住民は住んでおらず、当時はオモテ（正面）を海に向けることで、ペンドポやルアンタムから海岸や海に浮かぶ漁船をつねに眺めることができた。住居と海岸線の間は漁船や漁具を保管する場として活用されていた。

　しかし、住民が増えたことで海側にも住居を建てるようになった。その際、ウラを海側に配置することで互いがオモテを向き合う形になった。ペンドポやルアンタムからの眺望を遮断することになったが、この住居配置が、その後の集落空間の形成につながっていく。可住地を補うため、海上に珊瑚礫の練り石を積み上げて土地を造成していく。そこに建てる住居は、オモテを山側に向ける習慣をそのまま踏襲することで、ウラを海側に向けた集落景観が継承されることになった。住居は密集しているが、モアを利用することで、海岸から離れた住居からでも海への視界が確保さ

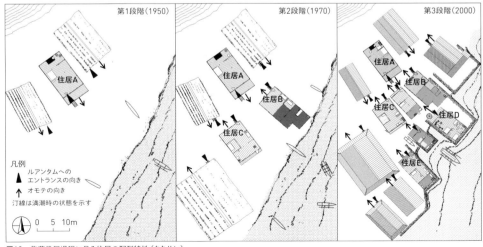

図10　集落発展過程に見る住居の配列特性（ククサン）

れ、集落内部からも比較的容易に海への眺望を可能にしている。

生活行為と空間

　島内における生活行為と空間の関係を捉える【図11】。

　島内における生活でモアの空間的役割を見ると、ここでは団らんや接客、育児や炊事などのほか、家事労働や生業のための仕事場的な役割も担っている。各世帯にとっては住居の一部であり、近隣住民との関係を築く空間であり、高密度な集落のなかでほどよいゆとりを生み出す外部空間である。家族生活の場でありながら、住民間での共有性の高い空間ともなり、重層的な多目的利用の場として機能している【写真7〜10】。

　一方、家族生活や労働は、住居内とモア以外でも住居の周りの日陰空間を活用して営まれている。日射しが強く乾燥した地域では、日陰が生み出す空間は生活面で重要な意味をもつ。通常、庇を長くしたり、東屋的な日陰空間をつくる場合が多いが、調査した地域は狭隘な空間のため、こうした措置を取ることができない。住居周辺の日陰を活用することで、薪割りや生業としての魚の仕分け作業、乾燥、漁具の修繕などが行われている。モアは生活から溢れ出す作業を許容する空間的な機能を果たしている。家族生活の場は住居内から半屋外のモアに流出するばかりか、さまざまな様相を呈す日陰も、機能や用途を持った領域と同質の空間として生活のなかに位置づけていることがわかる。

　高密度住空間における高床式住居では、ダパールという概念によって床上と床下が明確に分化され、床上には私的な生活空間としての領域が、床下にはモアという私的な共有空間が形成されている。また、住居群が生み出す日陰を中間領域として扱うことで、生活内からの溢れ出し行為を許容している。住居の重層構成や日陰の空間が、有限な領域内で失われた空間を補っている。

表3　領域の広がりレベルと活動・空間の関係

	活動レベル	活動単位		活動レベル	活動単位
①	個人的行為	1人	③	対人的行為	家族成因以外は2人
②	家族的行為	家族成因	④	集住体行為	家族成因以外を除く不特定多数

072　Chapter 2　アジアの水上居住の変化

表3 （つづき）

	行為・行動	空間名称	個人空間						共同空間								
			昼間・客間	寝室	台所	軒下空間	縁台	床下空間	平側隣棟空間	妻側隣棟空間	グラウンド	山頂	井戸	その他	海岸	海中	海上
①	休憩・くつろぎ	ギターを弾く						■									
		くつろぐ・喫煙	■			■	■		■	■				■			
		テレビを見る	■														
		昼寝をする					■	■									
	食事	おやつを食べる					■	■	■	■	■				■		
	勉強	学校の勉強をする	■											■			
	洗面	化粧をする	■					■									
		沐浴をする	■										□				□
		顔を洗う			■								□				□
		排泄する												□		□	
	移動	移動に伴う すれ違い							■	■	■				■		
②	就寝	子どもの就寝	■														
		夫婦の就寝		■													
	性交	夫婦間の性交		■													
	食事	食事をとる	■														
	家事	薪を割る						■	■	■							
		調理する			■				■	■							
		水を運ぶ												□			
		家財管理	■		■			■									
		コーヒー豆をひく							■								
		洗濯をする						■									
		洗濯を干す						■									
	育児・教育	子どもを遊ばせる	■	■	■	■	■	■	■	■	□		□	□	□		
	信仰・慣習	祈りを捧げる		■													
③	散髪	散髪をする							■								
	会話	立ち話をする							■	■							
		井戸端会議をする							■	■							
	遊び	子どもたちが遊ぶ					■	■	■	■	□						
④	会話	立ち話をする															
		井戸端会議をする															
		話し合いをする	■					■									□
	遊び	子どもたちが遊ぶ									□	□			□	□	
	信仰・慣習	祈りを捧げる												□			
	育児・教育	子どもたちを教育する	■	■	■	■	■	■	■	■	□	□		□	□	□	□
	勉強	イスラム教の教えを学ぶ												■			
	家事	食材や衣服の共同購入			■			■									
		水を運ぶ												□	□		
	仕事	水揚げをする													□		
		魚を乾燥させる							□	□					□		
		船を作成・修復する						■	■						□		
		漁具を修繕する							■						□		
	移動	移動に伴うすれ違い							■	■	■			□	□		

（■は日陰での行為を、□は日向での行為を表す）

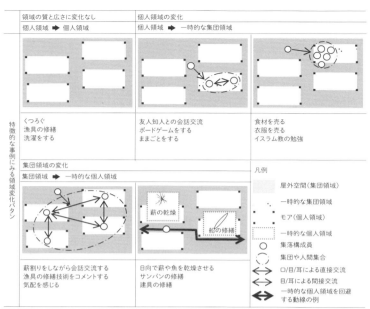

図11　事例に見るモアの領域変化

写真7　生活行為①。育児（メッサ）：育児や炊事は住居の密集形態が日陰をつくる平側、妻側の隣棟空間といった共同空間で行われている

074　Chapter 2　アジアの水上居住の変化

写真8 生活行為②。薪割り（ククサン）：魚の仕分け作業や船の修復、漁具の修繕や薪割りといった生業に準ずる生活行為はモアや住居周囲の日陰空間で行われている

写真9 生活行為③。友人同士の会話（ククサン）：モアに設けられた縁台で海の様子を眺めながら漁具の修繕技術を学ぶ、といった規範意識を浸透させる場としての機能も有している

写真10 生活行為④。干棚（ククサン）：一日をとおして日向である場所という合理性が接地場所を律している

インドネシア・フローレス島の元漂海民集落

タイ・パンイ島の海上集落

海上集落の誕生

　インドシナ半島の南西部から長く延びるマレー半島の付け根から3分の1ほどの場所に、世界的なリゾート地として名高いタイのプーケット島がある。ここは2005年に発生したインド洋スマトラ島沖地震による津波により、沿岸部の町のほとんどが壊滅的な被害を受けた場所として記憶に残る。マレー半島の屈曲部分でアンダマン海側に飛び出すように位置しており、島の東側のマレー半島側に面する内海側は多島海を形成している。プーケット島が沖合からの津波に対し防波堤としての役割を果たしたことで、内海側の海域は水位が上昇する程度で大きな被害は免れた。

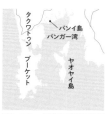

図1 マレー半島北西部に位置するパンガー湾

　このマレー半島は、漂海民オラン・ラウト（別名：モーケン族）が半島沿岸部の海域を漁場としながら水上生活してきた場所でもある。彼らはシンガポールとの国境にあたるジョホール海峡を拠点として、マレー半島北西部のミャンマー・メルギー諸島あたりまで「カーバン」と呼ばれる家船で移動しながら生活をしてきていた。今日では、マレー半島各地の沿岸部に定住して漁業を営む者もいる。

　プーケット島の内海側の海域は、パンガー湾と呼ばれ大小160余りの島嶼やマングローブ林などが風光明媚な景観を生み出すとともに絶滅危惧種や希少生物の生息地を形成している。1981年にパンガー湾国立公園として指定され、ラムサール条約に登録された。タイ国内では2番目の海洋国立公園である。島嶼のうち42島に島民が生活している。残りはほとんどが石灰石による急斜面の断崖絶壁の島か、長年の間に侵食されて形づくられた海食柱などであり、海面からそそり立つ島の姿は、人を寄せつけない奇景を見せる。そのそそり立つ島（あるいは巨岩）のひとつ、パンイ島に寄り添うようにしてタイ国で唯一の海上集落がある。住居はすべて海

写真1　断崖絶壁の島々や海食柱

写真2　パンイ島と海上集落（島の右側）

上に建ち、タイ語で「バーン・コ・パンイ（パンイ島の家）」あるいは「コ・パンイ（パンイ島）」と呼ばれ、海上集落の地名となっている【図1】【写真1、2】。

　この地に人が住み始めたのは、200年ほど前からと伝えられている。当初はインドネシア系の漂海民の3家族がそれぞれ別々にこの海域に到達し、思い思いに漁場を探しながら漁業操業を繰り返していた。そのなかのひと家族が現在のパンイ島周辺で魚介類の豊富な好漁場を見つけたことで他のふた家族もそこに加わり、この海域に家船を停泊しての水上生活が始まったとされる。広大なパンガー湾のなかで、この地に定住環境が形成された要因は3つあるとされる。それは、豊富な漁場、穏やかな風況、島の存在とされている。

　周辺海域の自然環境条件を見ると、現在も水量豊かなパンガー川が湾内に流れ込み、河口部は干潮時に中洲が形成され、周辺部一帯にはマングローブ林が繁茂する。水産資源の生育環境としてはこの上ない好条件が揃っている。

　また、この海域は他の海域と比べて風況が穏やかなため、海上で行う漁業にとって都合がよく操業しやすい場となっている。加えて、パンガー川河口部にはパンイ島を含めて比較的小さな島が集まり、海面の静穏度も高く、家船を停泊させるには都合のよい場所が形づくられていた。こうした3つの条件が揃った、またとない場所を獲得することで、海上に集落が誕生することになった【写真3】。

　現在、海上集落に住む住民は1,800人ほどで住戸は210戸、世帯数は320世帯あり、1戸に3、4家族が生活をともにしている（2013年現在）。住民は漁家世帯が多いが、各世帯では、おおむね男性が漁業に従事し女性が商業

写真3　パンイ島に寄り添う海上集落

を営む兼業である。集落が形成された当時、周辺海域は豊穣の海で魚介類に恵まれ漁業は活況を呈していた。しかし、近年はこうした漁業も餌の入手が難しくなり、次第に水揚げ量が減少している。代わって盛んになっているのが、沖合で採捕した稚魚を生簀で中間育成し、市場取引される魚体にして出荷する生産体制である。海上集落の地先水域には、中間育成のための生簀が多数浮かべられている。他に魚介類の小売り専門や遊漁案内業が行われるなど、総じて専業の漁業者は減少している。また、漁業収入の減少に相反するように、パンイ島の海上集落を訪れる観光客は増加傾向にある。収入源は漁業から観光業に変化しつつあり、集落内には観光客相手の土産物店が増加している。とくに東側の船着場には、大型のレストランが海側に張り出すように店舗を並べる。これらのレストランは大きな屋根を持つ東屋風のつくりで南国を思わせる演出を見せる。集落を訪れる観光客は、船から降りて桟橋を上るとレストランを通らなければ集落に入れない。おそらく、集落内部に観光客を相手にしたレストランの立地する場所を確保するのが難しく、結果的にこうしたつくりになったと

写真4　海上集落を東側から望む。手前にレストランが軒を並べている

写真5　パンイ島東側桟橋に着岸した観光客を運ぶクルーザーと手前は稚魚育成生簀

タイ・パンイ島の海上集落　　079

思われる。レストランの出口は、もとからある店舗の内壁を一部抜いてつくり、ここを通って集落に入る。帰りは逆に土産物や衣類などを扱う店舗を通り抜けてから、レストランを通り桟橋に戻ることになる【写真4】。

　集落内は観光資源に乏しく、モスクや小学校が訪問場所になる。小学校の一教室に、水族館と称する魚の標本などを並べた場所を設け、観光客が訪れている。観光客の多くは欧州やロシアからの訪問客である。彼らは海上に集落があること自体が珍しいようで、集落内を歩き回ることが観光になる。周辺のリゾート地から来訪するチャーター船やクルーズ船は引切りなしに桟橋を出入りしている。この集落に訪れる観光客は年間100万人を数えるまでになっている【写真5】。

「旗」に由来したパンイ島

　このパンイ島のあるパンガー湾は、プーケット島とマレー半島の間に広がるアンダマン海の北にある。このパンガー湾を挟み西側にプーケット島、東側にクラビー市が位置する。どちらもリゾート地として名高い場所でそれぞれの玄関口として国際空港をもつ。このふたつのリゾート地を結ぶように国道4号線が通り、クラビー市からは105kmほどの距離、プーケット島からは60kmほどの距離にパンガー市がある。その郊外にパンイ島行きのパンガーピアがある。パンガーピアはパンガー川のほとりにつくられた船着き場で、パンガー湾観光の客の増加に合わせて整備された。この船着き場から約20分でパンイ島に到着する。パンガーピアには、土産物店や乗合い船の案内所など質素で素朴な店舗が15軒ほど建ち並ぶ。小さな水路を挟んだ橋の先に大型バスを収容するための広い駐車場があり、島に渡る観光客を相手にして無造作につくり出された殺風景な風情を見せる。川岸には小さな浮桟橋が2か所設けられ、その周りにカラフルな模様を描いた舳先の長い乗合い船がおよそ100隻、整然と係留されていた。この船の数の多さがそのまま、この地を訪れる観光客の多さを物語っているようにも見えた。

　このパンガーピアからは、映画『007』で一躍有名になり、後に「ジェームス・ボンド島」と改名されたタプー島にも観光客を運んでいる。桟橋を出航すると両岸には、鬱蒼としたマングローブ林で覆われた風景が延々と続く。途中、マングローブに生息する体長1.5mはあるオオトカゲが悠

然と川を泳ぐ姿を見て驚かされたり、猿の群れを見ることでこの地の自然環境の豊かさに感激したりした。

パンイ島の北側にはパンイ島よりも若干背丈が高く大きな島が点在し、周辺は波静かな海域となっている。パンイ島の地名「パンイ(Panyee)」には「旗」の意味がある。これは、この海域にはじめて来た漂海民たちの習慣に由来する。彼らは漂海しながら好漁場を見つけた時、目立つ場所に旗を立てることで仲間にそのことを知らせ合ってきた。現在のパンイ島周辺の海域でも好漁場を見つけた者が、旗を島の上に立て付近の仲間に場所を知らせた。このことがのちに島の地名となり、定住場所にもなったとされている。

船着き場に到着後、集落唯一の小学校の校長を訪ね、島の成り立ちなどを聞いた。ちなみに、小学校は幼稚園も併設し、全校生徒は183名、教員は13名である(2014年当時)。ここの児童はとくに水泳を指導しなくても8歳までには見よう見まねで泳げるようになるという。

浮かぶサッカーコート

2011年に、タイ国内で話題になったCMがある。見る人の胸を熱くし、動画サイトでも有名になった。そのCMは28年ほど前の実話をもとにしている。短編記録風のもので、その舞台がパンイ島の海上集落であった。

その当時、この海上集落には空き地がなく、ボールを使って遊ぶ場所といえば通路や桟橋などに限られていた。物語は、そこに暮らす少年たちが思い切りボールを蹴りサッカーに興じたい一心から、大人たちの嘲笑をかいながらも自らの手で海の上に浮かぶサッカーコートをつくり、タイの全国大会で3位に入賞するという話である。正確には、サッカーコートよりも小ぶりなフットサルコートをつくり、そこで練習を積み重ねてサッカー大会に出場した。このCMでパンイ島は知名度を高め、一躍注目される場所となった。現在では「Panyee FC Drinking Water」と名付けられたミネラルウォーターが販売されており、ラベルには浮かぶコートの図柄が印刷されている[写真6、7]。

この話については、小学校校長と当時の様子に詳しい体育の教員(60歳)からも聞くことができた。遊び場はおろか、グラウンドや空き地についても望むすべもない海上集落にあって、子どもたちがどんな遊び方を

写真6　Panyee FC Drinking Water　　写真7　Panyee FC Drinking Waterのラベル

しているのか尋ねていくうちにCMで放映されたサッカーの話になったのである。最初は、なぜ狭い集落のなかでサッカーが人気なのかまったく合点がいかなかった。むしろ球を蹴ることではセパタクローの方が人気のスポーツと思っていた。だが、話を聞くうちに納得した。セパタクローは、籐を編み込んでつくる籐球が使われる。集落のなかでは籐球を手にすることは難しく、まして籐を入手することも球をつくることもできない。そこで、入手しやすいボールのサッカーがごく自然に少年たちの間に広まり人気スポーツとして定着したようだ。今は海面の上昇と先の津波の影響で消滅してしまったが、かつては干潮時になると西側にある小学校近くの海面に砂浜がわずかに形成され、そこで少年たちはサッカーを楽しんでいたという。

　海上集落の少年たちのサッカー熱は、1986年のワールドカップメキシコ大会の時に最高潮に達した。当時は桟橋や通路のわずかな空間でボールを蹴っていたがそれに飽き足らず、この大会を契機に自分たちで海の上にコートをつくることを決め、作業を開始した。コートを海の上につくるためには浮かぶ基礎が必要になるが、そこには空のドラム缶を利用している。これは、集落内ですぐに集めることができたらしい。その上のコートについては板を張ってつくることにしたが、敷き詰める板の入手がことのほか難しかったそうである。難儀の末に集落に流れ着く流木を方々から拾い集め、それを製材して板をつくり、張り合わせてコートを完成させた。素人の少年がつくったコートの表面は波を打ちデコボコであったようだが、ようやく待望の専用コートを手にすることとなった。その後の顛末はCMの内容どおりの筋道をたどった[写真8]。

　現在も、集落唯一の郵便ポストの横に設置された標識には、「Floating Stadium」が表記され、コートは船着き桟橋横に係留されている。コートを見ると、表面に敷かれた板は痛みが激しくほとんどが破損しており、使

写真8 古いフットサルコート（MAEKMAIHOUSE絵葉書より）

写真9 海上集落のなかに立てられた標識、下から2番目の標識に「FLOATING STADIUM」の表記が見える

写真10 西側桟橋に係留された現在のフットサルコートの状態

用できる状態からはほど遠く、放置された状態となっている。このコートは、全国大会入賞後、本格的な施設として寄贈されたものであるが、月日が過ぎ去ることで、世代交代が図られ、現在は小学校内に杭式構造による新たなコートが2面整備されている。子どもから大人まで新コートを使えるようになり、浮かぶコートの役割は終わった【写真9、10】。

タイ・パンイ島の海上集落　083

海上集落の空間構成

　この海上集落は、パンイ島の南側の海面に建物が建ち並び、せめぎ合うようにして高密度な空間を形成している。1976年の航空写真から作成した図と、現在の様子を比べると集落空間の成長が見て取れる。集落は、全体的に南西側で建物が増加し、東側では既存の住居の外側に建物が増築され、それがそのままパンイ島の東側の崖下にまで沿うよう続き、拡張されていることがわかる。なお、パンイ島と海上集落を囲むようにして国立公園の境界線が引かれているため、その境界を超えない範囲で集落空間が形成されている【図2】。

　パンイ島周辺の海域は比較的浅いため、海底面から3.5mほどの高さの杭を立てれば高床式の住居をつくることができる。集落の住居はおもに高床式住居である。ただし、海上集落にあって唯一土地の上に建つ建物がある。それは、イスラム教のモスクである。このモスクは、集落とパンイ

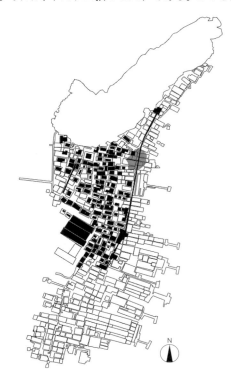

図2　1976年当時の海上集落（黒い部分）と2014年現在の比較

島をつなぐ猫の額ほどのわずかな土地に建てられている。漂海民は元来ムスリムであり、住民はその末裔でもあるため、全員が敬虔なムスリムである。漂海民の居住する海上集落では、こうしたモスクが建てられる場合が多い。海上からの景観は、水平にほぼ同じ高さで軒を揃える集落にあって、モスクだけがひときわ白く大きな姿を見せる。金色に光り輝くふたつのドームが印象的であった。このモスクは、狭小な土地を精いっぱい利用して建てられているため、東側の正面入口前に残された地面の幅はきわめて狭い。端はすぐ海である。その軒下のような狭い土地が、そのまま南に延びて、海上集落の通路へ続いている【写真11、12】。

　海上集落のなかには、すべての建物をつなぐ通路（タンドゥーン）が張り巡らされている。幅員は2.0mほどで、部分的に板を張っている箇所もあるが、ほとんどはコンクリート造である。各住居に直接あるいは枝道を介してつながり、各住居番号が付けられている。2本の通路が集落を南北方向に貫き、その間を結ぶようにして7本程度の通路がある。南北を貫く2本の通路のうち、東側の通路は屋根の付いた商店街区を形成し、南端部に唯一の診療所がある。北端はパンイ島の崖下まで延ばされ、こちらは海上

写真11　海上集落を西側から望む。モスクがひときわ大きくそびえ立ち、住宅はモスクの高さを超えてはならない決まりがある

写真12 海上集落内の様子。各住居は通路でつながれている

レストランになっている。西側の通路は東側と比べ店舗は少なく、モスクや小学校、修理工場、住居群が連なる。集落は、建物間のわずかな隙間からしか海は望めないほど密集しており、空間的な余裕はほとんどない。新たな建物を集落内に建てるのはきわめて難しいように見える。商店街区はちょっとしたバザールの迷路のような様相を見せる。店いっぱいに商品を並べたり、通路に沿って吊り下げたりするなどした店舗が延々と続き、その数も多い。ただし、店舗の構成は、観光客の増加に合わせた土産物店が多く、扱われている商品も類似した品揃えになっている【写真13】。

　この通路は、海上にありながらも屈曲したり、湾曲したりして、場所ごとに異なった表情を見せる。通路の紆余曲折した構成が、そのまま集落の成長を表している。通路に柵は設けられておらず、すぐ下は海になる。この場所で、その昔子どもたちはボールを蹴ったりしていたのである。今は自転車に夢中のようで、狭い通路で巧みに操作していた。

　通路は整然としてはいないが、一定の高さが連続的に保たれ、ある種のバリアフリーとなっている。海面からの高さはどのようにして決められ

写真13　海上集落内で賑わいを見せる店舗の集まる通路

たのか。通常は干満作用や日常的な使いやすさなど経験則にもとづき決められるが、この海上集落では、モスクの地盤面を基準にしていると考えられる。地盤から延びる通路の高さが、集落内でも一定に保たれているからである。このことから推測すると、海上集落の形成は、漂海民がこの場所に定住し始めた時、まず、パンイ島にモスクを建てる場所を決め、その後、海上に集落を建築していったと推測できる。

海上集落を構成する住居

　タイ国内にあるパンイ島だが、海上集落を形成する建築のなかにタイの伝統様式を見出すことはできなかった。とくに住居については210戸余り建てられているが、そのなかにソン・タイやソン・マニラーといった形式を見ることはなく、タイ国内の河川や海岸で見られた水上住居がもつ伝統的な空間構成要素としてのバンダイやラビアン、フワッサパーンアーバンなど水とかかわる縁台（テラス）などの存在や住居内の空間的ヒ

エラルキーも存在しなかった。唯一、伝統的な空間構成要素としてサラアターナム（東屋）を1軒だけ集落から突き出した桟橋の突端に見つけることができた。また、集落の東側に設けられたレストランのなかには屋根形状が急勾配のソン・マニラー形式にしているものもあるが、これらは商業的色合いが強く表層的なものである。ただし、わずかではあるが住居の一部で窓のつくりに昔の名残を感じさせるものがあった[写真14]。

　住居形態は、先祖からの習わしによるものなのか、タイの影響よりもむしろマレーシア系の影響が強いように感じた。集落内での婚姻が多く、ほぼすべての住民が漂海民の末裔ともいえる。独自のしきたりにもとづく建築空間を求めることで、タイやマレーシアの伝統的な建築様式に左右されることのない集落景観を創出したと思われる。

　住居は集落の通路に沿って建てられているものと、通路から枝道や細路地を設け裏手に建てられているものがある。住居の規模に統一性はなく大小さまざまであるが、奥行きの深い形態になっている。切妻屋根で、住居内へは妻側から入るものがほとんどである。数は少ないが、出入口に小規模な空間やテラスを設けているところもあり、こうした空間には鉢

写真14　パンイ島の崖下に並ぶ海上集落

植えなどが並べられている。集落はほぼ隙間なく建物で埋め尽くされているため、近年、2階建ての増築が増えてきている。

　電気はパンイ島に設けられた小型発電所から供給されているが、電力需要を抑えるため、集落内ではすべての建物でエアコンの使用と設置を禁止している。また、飲料水はパイプラインを使って陸域のパンガー市から供給される。食料品など日用必需品を扱う店もいくつかあり、日常的に要される野菜などは、陸域と比べても必ずしも高い値段設定にはなっていない。

　この海上集落では、ここの生活を維持するための規則が決められている。その内容は11項目から構成されている。ゴミを海に捨てた場合は罰金500バーツ、歩道や橋、桟橋に物を置いた場合や集落の周りでの船のスピード減速を怠る違反も罰金500バーツが科せられる。アルコールを持ち込んだ場合、罰金は一段と重くなり5,000バーツが科せられる。この場合、ヤギ1匹分に相当することが記されている。また、犬や豚肉の持ち込みが禁じられており、違反すると罰金2,000バーツが科せられる。武器や薬の持ち込み、ギャンブルも禁止されており、これらを犯した場合は法的処分が科せられる。バイクと荷車はショッピングセンターの通路において11時から15時までは通行が禁止され、服装についても礼儀正しい服装をすることが記されている。18歳未満の若者の集会などについては、夜11時までとし、違反者は法的処罰対象になる。また、外から訪れた者が集落内に5泊以上する場合や集団で訪れた場合は村の指導者に通知しなければならない。違反者は罰則対象になる。この規則は、東側の桟橋から集落に入る場所に張り出されており、観光客の目にも入るようになっている。住民はこの規則を順守した穏やかな生活を送っている。

タイ・パンイ島の海上集落　089

カンボジア・トンレサップ湖の湖上集落

伸縮する湖、トンレサップ湖

　カンボジアのシェムリアップ（Shiem Reap）は、世界歴史遺産のアンコールワットやアンコールトムをはじめ、アンコール王朝時代に建立された宮殿などの遺跡が数多く残され世界的に知られている。ここにはもうひとつ注目すべきものがある。それは「伸縮する湖」として知られる東南アジア最大の淡水湖トンレサップ（Tonle Sop）湖である。

　このトンレサップ湖をはじめて訪れたのは、2003年のこと。アンコール王朝に関連した遺跡の調査後に立ち寄り、それ以来何度も訪れることになった。当時は、この湖が雨期と乾期で湖面の広がりを大きく変えることや3階建てほどの高さをもつ高床式住居の存在、数多くの水上住居が湖面に集落を形成していることなど、まったく知らなかった。しかし、各漁村集落を訪ねるごとに、多様な水上居住があることに目を奪われた。この

表1　トンレサップ湖地域と調査の概要

調査対象地域	カンボジア・トンレサップ湖地域
調査対象行政村	カンポン・クレアン（Kampong Khleang）、カンポン・プロック（Kampong Phiuk）、チョング・クネアス（Chong Kneas）、コー・チビアン（Koah Chiveang）
調査期間	乾期：2010年4月26日〜5月2日（7日間） 雨期：2011年10月18日〜10月23日（6日間）
気候	熱帯モンスーン気候／乾期（12月〜4月）・雨期（5月〜11月）
年間平均気温	最低気温：24℃（1月）・最高気温：30℃（4月）
年間平均湿度	77%
年間降雨量	1,300〜1,500mm［最低降水量：4mm（1月）・最高降水量：253mm（11月）］
生業	季節変動に伴う半農半漁
湖面面積	2,500〜3,000㎞²（乾期）――16,000㎞²（雨期）
平均水位	1〜2m（乾期）――8〜10m（雨期）

経験がその後のトンレサップ湖調査へと発展することになった。

　この地域は、おおむね5〜11月が雨期、12〜翌年4月が乾期である。雨期と乾期で、湖の水面の規模が大きく異なることから「伸縮する湖」と呼ばれてきた。雨期の湖面は乾期の5〜6倍ほどに膨れ上がり、水位も5倍以上上昇する。乾期の湖面面積が2,500〜3,000k㎡程度であるのに対し、雨期には16,000k㎡ほどか、それ以上となる。乾期は、平均的水深が1.0〜2.0m程度であるのに対し、雨期には8.0〜11.0mほどになる。こうした伸縮現象が生じる湖は氾濫湖と呼ばれ、ミャンマーのインレー湖やインドネシアのテンペ湖（120ページへ）など、東南アジアには比較的多く存在する。トンレサップ湖の場合は、湖から流れ出るトンレサップ川が逆流することが要因である。トンレサップ川はメコン川に合流するため、メコン川の上流が増水すると、流路の影響を受けて逆流が起きる【表1】【図1】。

　環境変動の激しい湖周辺では、標高が10m以上の土地は農地に利用されている。10m以下の土地は浸水林や湿地帯となっており、場所によってはマングローブ林が繁茂する。氾濫湿地帯は雨期に水位が上昇すると奥行き20〜40kmの幅で浸水する。樹木も背丈が高くないものは、枝葉の上部を水面に残し完全に水没してしまう【写真1〜4】。

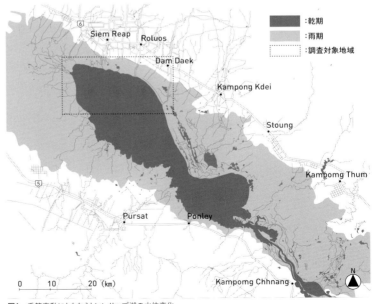

図1　季節変動にともなうトンレサップ湖の水位変化

写真1　カンポン・クレアンの雨期の様子

写真2　カンポン・クレアンの乾期の様子

写真3 チョング・クネアスの雨期の様子

写真4 チョング・クネアスの乾期の様子

カンボジア・トンレサップ湖の 湖上集落　093

メコン川からトンレサップ湖に流れ込む大量の水は、同時に豊かな恵みを湖に運び込む。メコン川で繁殖したコイ科目やナマズ科目の魚類も大量に流れ込むのである。湖では漁業が盛んで、漁獲物は隣国への重要な輸出産品となっている。1987年には、この貴重な水産資源を保護するために、漁業操業規制や漁業優先地域が指定され、定置網や蓄養生簀による中間育成、養殖漁業などが盛んになり、最近ではNPOによる稚魚放流なども行われている。

　湖の沿岸部には、漁村が170か所余り立地し、14,000戸余りの漁家世帯が集まり10万人ほどの人々が生活を営んでいる。カンボジアの地方自治体は、フランス流のコミューン（行政村）により形成されており、トンレサップ湖沿岸には23か所ほどある。このコミューンを構成する基礎単位を漁村集落が担っている。以下、本章内の表記は村と略す。

　シェムリアップでは世界歴史遺産を訪れる観光客を相手に、新たな観光資源として、乾期の湖面に浮かぶ水上集落や雨期に浸水する集落を船上から眺める観光ツアーも増えている。調査で訪れたいくつかの村では、村長を中心に観光委員会を発足させたり、マングローブ林を保存して観光用に活かす計画が進められたりしている。外国資本による水上コテージの建設計画など、漁業以外でも安定した収入源を確保する目的で観光開発の推進を検討し始めているところもある。

湖畔湖面の住居と集落

　アンコール遺跡調査の後、はじめて訪ねた村がカンポン・クレアン（Kampong Khleang）であった。その後、カンポン・プロック（Kampong Phluk）、チョング・クネアス（Chong Kneas）、コー・チピン（Koah Chiveang）を訪ねることになる。トンレサップ湖の沿岸部に位置する主要な村は9か所あるが、その半数ほどがシェムリアップ周辺にあり、訪ねたカンポン・クレアン村、カンポン・プロック村、チョング・クネアス村はそのうちの3つである。

　沿岸部の村々では、氾濫湖特有の水位変動に対応し、多様な居住形態が生み出されてきた。変動の大きいところで水位は11mも上昇するため、これに耐えうる長い柱の高床式住居を建てたり、舟や筏で住居を水面に浮かべたりしている。

094　　Chapter 2　　アジアの水上居住の変化

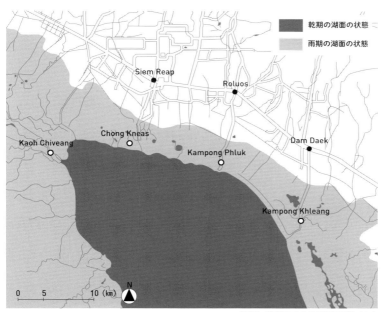

(乾期に形成される水上集落は記載しない)

所在地	シェムリアップ州			バッタンバン州
行政村名	カンポン・クレアン	カンポン・プロック	チョング・クネアス	コー・チビン
立地場所	シェムリアップ ▼ Dam Daek村 (6号線を東に35km) ▼ カンポン・クレアン (南に11km)	シェムリアップ ▼ Rolus村 (6号線を東に15km) ▼ カンポン・クレアン (南に6km)	シェムリアップ ▼ チョング・クネアス (南に16km)	チョング・クネアス ▼ コー・チビン (水路で40km)
人口	10,326	3,209	6,666	約10,000
世帯数(世帯)	1,596	601	1,186	1,989
民族	クメール系90% ベトナム系10%	クメール系	クメール系50% ベトナム系50%	クメール系 ベトナム系
生業	漁業85%、農業+商業15%	漁業93%、商業3%	漁業75%、商業25%	漁業
公共施設	寺院、役所、小中学校、商店	寺院、役所、小学校	役所、小中学校、教会、商店、船着場	寺院、役所、小中学校、病院、商店
給電状況	各家屋に供給(供給制限あり)／バッテリー			バッテリー
給水源	井戸水、雨水、湖水			雨水、湖水
集落数	10	3	7	5
集落名	Prek Sramoch Spean Veng Ta Our Sa Phsar Khleang Chamkar Yuon Ta Chra Neang O Ta Puth Chey Chet Mukh Wat Ro Teang	Dey Kro Horm Khok Kdal Tout Khombot	Muoy Pir Bei Buon Pram Prammoy Prampir	Kampong Brohok Thvang Prek Toal Anlong Ta Uor Kbal Taol

図2 調査対象集落の位置および概要

【妻入住居】
プティア・ドゥボウトゥ
(Pteas Dom Bol Touk):
「舟の家」の意

【平入住居】
プティア・パエ
(Pteas Pae):
「筏の家」の意

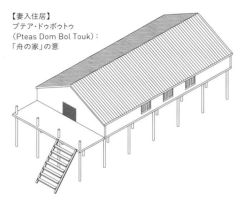
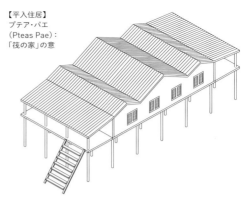

図3　各建築形態とその呼称（高床式住居の場合）

　水上住居をカンボジア語では「プティア・バントタク(Pteas Bondettek)」と呼ぶ。高床式住居は「プティア・クポハ(Pteas Kupoh)」と呼ばれ、舟住居は舟の家(Dom Bol Touk)を意味する「プティア・ドゥボウトゥ(Pteas Dom Bol Touk)」、筏住居は筏の家を意味する「プティア・パエ(Pteas Pae)」と呼ばれる【図2,3】。

　これらの水上住居は、立地ごとの水位変動を反映したり、生産活動としての漁業形態を反映したりしている。大別すると、①定位置に固定された高床形式の住居、②移動可能な小型の高床形式の住居、③簡易な仮設的小屋掛けにより湖面に立地する高床形式の住居、④場所移動の可能な舟（家船）住居、④定位置付近（限定された範囲内）で移動する筏形式や浮函形式の住居がある。

　集落の立地については、①湖に流れ込む河川が築いた自然堤防上に立地する陸上集落（カンポン・クレアン、カンポン・プロック、チョング・クネアス）、②年間を通じて湖面に立地する水上集落（カンポン・クレアンのベトナム村、チョング・クネアスの2集落）、③盛漁期に湖面に形成される期間限定の水上集落（カンポン・クレアン、カンポン・プロックを母村とした水上集落）、④湖に注ぐ河川のほとり付近に形成される水上集落（コー・チピン）などに分けることができる。

　また、トンレサップ湖の水上居住の特徴のひとつに、ベトナム系の住民の存在があげられる。彼らの定住地は、すべて水上に限られているのである。調査した4か所の村のうち3か所でベトナム系住民が見受けられた。その存在については、数百年前にトンレサップ川を遡りこの地で漁業を営

み、今日まで継承されてきているという説がある。その他、難民としてこの地に逃れてきた、あるいは、カンボジアの内戦時に進駐しそのまま居着いたなど、それぞれの村で事情は異なる。いずれにせよ、ベトナム系住民とクメール系住民の同化はないようで、同じ村のなかでもベトナム系住民は水上に限った居住であるのに対し、クメール系（チャム人）住民は陸上と水上の両方に居住できるなど違いを見せる【図4】。ただし、クメール系住民でも仏教徒は船上生活はしない。

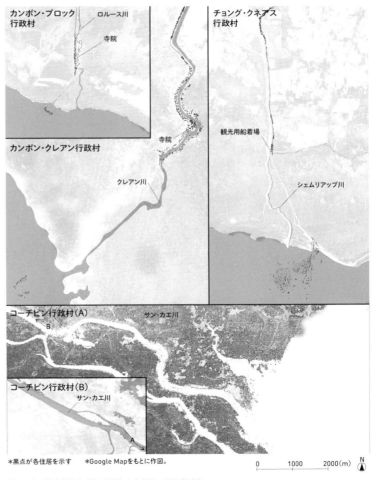

図4　4行政村を構成する陸上集落と水上集落の状況（乾期）

カンボジア・トンレサップ湖の湖上集落　　097

4つの村の住まいと暮らし

カンポン・クレアン村

　はじめてカンポン・クレアン村を訪ねた時は、シェムリアップに近いチョング・クネアス村の船着き場から、けたたましいエンジン音を発するかなり年季の入った舟に乗り、4時間余りの舟旅の後、村の入口となるクレアン川河口に到着した。河口付近の湖面には舟や筏を用いた水上住居が多数点在していた。これらを横目で見ながらさらに川を遡ること30分、ようやく村らしきものが見えてくる。途中、森や草地を抜けると河原には水揚げした魚を燻製加工するための仮設小屋が建ち並んでいた。陸路でのアクセスも可能である。陸路の場合は、シェムリアップの中心部から国道6号線を南東に35kmほど進みダムデック（Dam Daek）村を経由して、

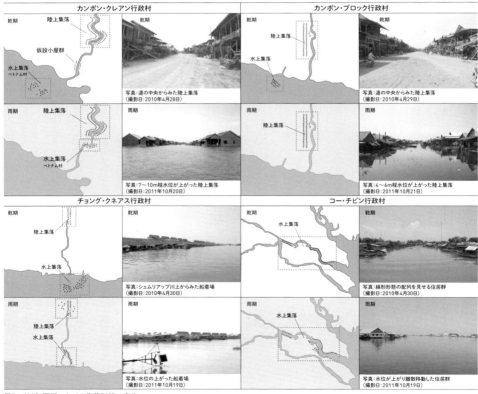

図5　乾期・雨期における集落形態の変化

南に11km進むと到着する。村は湖に注ぐクレアン（Khleang）川沿いの氾濫原に立地している。乾期は車で村の中心部まで入れるが、雨期は道路が水没するため、途中の村から船に乗り換えなければならない【図5】。

　到着初日は日も暮れていたため、村の様子を見ることはできなかった。次の日、明るくなって目に入ってきた光景は、土手の上に立つ異様に背丈の高い柱と、その上部にわずかに見える住居の姿であった。こうした風景を見ていたら、いったいどうしてこれほどまでに高い柱が要されるのか、どうやって上るのか、そんな疑問が湧いてきた。

　集落には、クレアン川によって形成された自然堤防上の最も高い場所に寺院が建立され、隣接して役場出張所や小中学校が建ち、その周辺に商店が集まり村の中心部が形成されていた。村には寺院が3か所点在するが、各々小高い堤防上に廟を建立している。

　カンポン・クレアン村は10の集落で構成され、総人口10,326人、約1,596世帯（2009年）が居住している。住民の85%は湖でナマズ漁や養殖漁業を行う専業漁家で、残りの住民は農業や商業を兼業している。近年、資源保護の面から漁獲制限が実施されたことで、漁業から商業への転業も見られる。住民構成はクメール系住民が90%を占め、10%をベトナム系住民が占めている。陸上の居住地はクメール系住民が占有しており、ベトナム系住民は恒常的に水上での居住に限られている。

　クメール系住民の居住地は、村の中心部から離れている。自然堤防の上に敷かれた道に沿ってそれぞれ並列に連なっている。船上からの眺めでは土手を埋め尽くすような数の柱だけが目に入ってきたが、堤防上の道を、住居を見上げるようにして歩き回ると家並みが形成されていることがわかる。ただ、高床式住居のため、道の上から住居形態やその構成を

写真5　カンポン・クレアン村、乾期。高い柱の上に住居が載る

写真6　カンポン・クレアン村、雨期。柱は水沈し住居だけが水面に見える

カンボジア・トンレサップ湖の湖上集落

写真7　カンポン・クレアン村集落内（乾期）

写真8　カンポン・クレアン村集落内（雨期）

把握することはできない。しかし、その眺めが雨期には一変する。翌年の雨期に再訪したとき、そこはまるで河畔に住居が建ち並んでいる状態であった。水位が上昇し水路と化した道の上を舟に乗り進んだ。家々に設えられた屋根付きの半屋外空間（テラス）から手を振る子どもたちの姿を同じ目の高さで確認できた。合わせて住居の全体像もはっきり見ることができたのである【写真5〜8】。

高床式住居の空間構成

　高床式住居は、乾期の河川水面から標高3〜5m程度の自然堤防上に立地し、高低差により床面までの柱の長さは1〜10mほどと差が生まれている。集落南側の下流域に建つ住居の場合、標高が低くなる分、柱は長くなり7〜10mほどになる。

　村のなかで最も高い高床式住居を訪れた。地表面に10mほどの高さの掘立て柱を立て、その上部に平屋建ての住居を載せている。高床式住居は地上から離れる分、乾期の蒸し暑い時期でも室内は風が通りしのぎやすい。ただし、背丈が高い分、地表との昇り降りに梯子を必要とするため若干の苦労をともなう。この梯子が付けられた正面のテラス部分が入口となる。テラスは接客や網の手入れの場としても使われ、雨期には船着場になる。屋根材はヤシの葉を葺いたものから最近はトタンに変更されたものが多い。訪ねた住居もトタンであった。住居にはテレビやカラオケなど電化製品が置かれている。電気は引き込まれているが、供給制限により夕方6時から10時までの供給となっている。各家庭ではバッテリーを準備し、あかりは灯油ランプを用いることが多い。

　住居の内部は、居室を囲むようにして外周に奥行きのあるテラスを設けている。そのため、強い日射しが遮られ、暑い日中でも通風のある快適な室内となっている。居室の構成は基本的に大部屋形式であるが、薄い壁や布を用いて間仕切り、簡易な個室を設けている。床板は、部分的に隙間を開けたり簀子状に組むことで床下からの通風を確保している。

　居室の背後のテラスに炊事場や便所、水浴び場を設け、側面のテラスは物置や雨水の貯水用ドラム缶置き場として使っている。飲料水は、乾期は井戸水が利用されるが、雨期は井戸が水没するため、湖水や雨水を貯水用ドラム缶に溜めて使っている。

　住居部分の階下にあたる床下空間は「コング・クロム・プティ（Khang

写真9　コング・クロム・プティ（Khang Crom Pteas）　　写真10　トゥロンと呼ばれる床下空間

Crom Pteas）」と呼ばれ、漁具や生活用品などの物置場として利用される。その他、「トゥロン」と呼ばれる床下専用の小屋があり、これが倉庫や休憩場所の役割を果たす。この床下空間は日陰で涼しく通気性に富み、地表面より高い分、埃も少ないことなどから、乾期には簡易な壁や床を設けて日中の生活の場や昼寝の場として使われることが多い。簡易な売店などを設けているものもある【写真9、10】。

「雨期を旨とする」集落空間の構成

　集落空間に話を移す。乾期に村の南西側を踏査した際、高床式住居が幅10mはある広場を挟んで200mほど建ち並んでいた。この広場では、子どもたちが遊びまわっていたり、水産物が天日干しされたり、多様な使われ方がされていた。この時は空地や広がりの意味がまるで理解できなかった。しかし、再度、雨期に訪れてその疑問が解けた。広場のような場所は、一転して小舟が行き交う水路となっていたからだ。乾期にはわからなかった、幅の広さも理解できた。航行する舟が互いの妨げにならない幅員（航路幅）が確保されていたのである。集落の基本的な空間構成は、そこでの生活を支える舟の利用を考慮した住居配列がされており、「雨期を旨とした集落づくり」がなされていることがわかった。

ベトナム系住民のの水上集落

　カンポン・クレアン村にある水上集落のひとつは、「ベトナム集落（Phum Vietnam）」とも呼ばれている。ここに住むベトナム系住民は、メコン川からトンレサップ川を遡り、この地で漁業をするために移住した

写真11　ベトナム系住民の水上住居

写真12　舟をそのまま活用した舟式住居

り、ベトナム戦争の戦乱を逃れて移住したりした人々とされるが詳細は不明である。陸上集落への定住を永続的に拒まれてきたため水上生活を続けている。また、乾期の渇水時期に湖面で漁を行うために出現する水上集落においても、この区分が存在している。ベトナム系漁民とクメール系漁民の集まる場所は、決して混在することなく明確に二分されている。ベトナム系漁民は、クレアン川河口から湖沖合に向けて南側の水域に集落を形成するが、クメール系漁民は北側水域に集落を形成する。クメール系漁民の水上住居は、おおむね3〜6か月間だけの仮設的な生活場所である。渇水期に湖の水位が1mほどになると、1週間ほどで仮設小屋を建て、盛漁期には陸上集落の住居を閉めて、家族で移動してきたり、働き手だけが生活をしたりするなど、さまざまな生活形態を見せる。

　一方、ベトナム系漁民の場合は、舟をそのまま活用した舟式住居や平底船（バージ）を用いた家船住居、家船住居から発展したと思われる水上居住専用の浮函式住居、浮函式より廉価で簡素な筏式住居、基礎部分を蓄養生簀（平底の船体部分に水を入れて生簀として魚を入れている）とした着定式住居など多様な居住形態を見せ、これらの住居により水上集落を形成している。ベトナム系水上集落は雨期になると風雨が強くなるため漁を休み漁閑期に入る。クレアン川河口から1〜2kmほど遡上した浸水林の繁茂する川中に移動して水上集落を形成する【写真11、12】。

多様な水上住居の形態

　舟式住居には、板舟の上部にシェルターや切妻屋根を架けたものと平底船の上部に居住空間を設けたものの2形態がある。通常の舟体を用いた

舟式住居は、香港の蛋民のサンパンやベトナム・フエのバジャウ族の家船住居と同じようなつくりである。舟体の中央部をシェルターで覆い居住部とし、その内部は寝床や炊事場、作業場と多様な使い方がされている。平底の家船住居の場合、床面が広く広間形式で構成され神棚が祀られ、床下を蓄養生簀にして後方の甲板を壁で区切り、炊事場や便所を設けているものが多い。この家船の場合は、漁のための船を別途もつものが多い。

　浮函式住居は、浮力を有する基礎部（浮力体）の上部に、陸域と同じ平面構成を持つ居住空間を載せた水上住居である。基礎部は浮函型（ポンツーン）と生簀型に分けることができる。浮函型は、基礎部に浮力をもつ竹や木および発泡スチロールまたは小さな舟、ドラム缶などを用いて躯体を浮かせている。竹材の場合は50本の竹の束を4つ配し、計200本ほどが使われるが、腐食するため毎年交換が必要になる。この浮函型住居の建造は、その規模にもよるがおおむね2週間程度で、その費用は1,000〜5,000ドル程度とされる。

　生簀型住居は、活魚や稚魚を蓄養するための生簀を居住空間の基礎として利用しており、浮力を増すための竹材やドラム缶を付加している住居もある。居住部は広間形式で、安定性に配慮し対称形の平面構成で、後部甲板に炊事場や便所などの水回りを集めている。周囲にデッキを張り出しているものや卓越波方向を船の舳先状にしている生簀もある。

　着定式住居は、基礎の浮体部分に生簀を用いた形式と同様で、湖底に生簀を1mほど埋めて着底させている。この形式は生簀の規模が大きい場合に用いられる[図5]。

　このように住居の空間構成は、高床住居の場合は、水位の変化に対応するテラス空間の付加があり、乾期と雨期でこの空間の役割が若干異なる。また、床上空間と床下空間の使い分けがあり、トゥロンと呼称される簡易な小屋や床面を設けることで、乾期の生活の場を形成している。さらに、水上の浮かぶ住居の場合は、空間的に機能用途の分離を図ったり、安定性に配慮した平面構成が取られたりしている。

　雨期に集落が浸水した時、住民が移動手段として使う舟は「トゥ（Tu）」と呼ばれ2m程度の小さいものが多い。この舟は漕ぎ手が舳に座り櫓一本で漕ぐ。舟が小さい理由は、村の周辺部に繁茂する林が水没した際、水面に顔を出す樹木の枝葉に引っ掛からないようにするためである[写真13、14]。

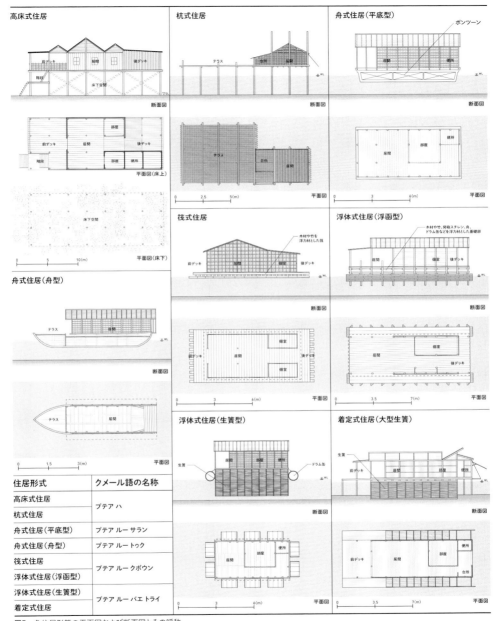

図5　各住居形態の平面図および断面図とその呼称

カンボジア・トンレサップ湖の湖上集落

写真13　トゥと呼ばれる舟

写真14　集落が浸水した際の移動手段

観光資源としての浸水風景

　いくつかの村では、雨期の増水時にこの地を訪れる観光客が増えるため、この機をとらえて新たな収入源にしたいと考えている。その中のひとつにカンポン・クレアン村もある。この村は雨期になると村の横を流れるクレアン川が増水し、川も森もすべてが水没するため、あたり一面は水面と化してしまい、ただっ広い水面上に家並みだけが現れる不思議な風景を見せる。これが今日では観光資源となっている。この資源を生かそうと村長は考えている。村長は女性である。この村の住民は女性の方が多く約6割を占めており、男性はポルポト政権下の1970年代に内戦で迫害を受けたり殺戮されたために国中で少なく、この村においても4割弱を占めるに過ぎない。カンポン・クレアン村は10の地区で構成されており、その中心部を成す集落の人口は1,229名、200家族。村の中には小学校、病院、寺院、役場が置かれているが、8割が教育を受けていない。この状況を変えるために、村長は女性の働く場と機会をつくりたいと考えており、家族銀行の設立や観光開発を進めるために2年前に村内に観光委員会を設立したという。手はじめに雨期に増える観光客のための安全な場所がないため、観光客から募金を集めて高台をつくりたいとのことである。村では住民の約8割が漁業に携わり生活を営んでいるが、漁業は乾期の12月から翌年4月までの5か月間だけ行われ、5月から11月までの雨期の7か月間は漁業は禁止されてきた。そのため、この雨期の7か月間を新たな収入の機会とするため観光開発を積極的に進めたいとしている。

カンポン・プロック村

　カンポン・プロック村は、カンポン・クレアン村よりもシェムリアップにわずかに近い。国道6号線を南東方面に15km進みバコン集落を経由し、さらに南へ6km進んだ浸水域に位置する。ここも雨期になると舟でなければたどり着くことができない【写真15】。村は3つの集落で構成され、人口3,209人、601家族で441世帯（1軒に2家族生活を含む）が暮らす。住民はすべてクメール系である。そのうち、漁業で生計を立てる者が93％ほどを占めている。この村にはベトナム系住民の姿はなく、村長に聞くところによると、移住の申し出があった際、受け入れを拒否したとのことである。

　この村は、近くを流下するロルース（Rolus）川が形成した自然堤防上にある。集落の形態は地形的な制約に沿うものではなく、むしろ人為的な意図により構成されているようにも見える。高床式の住居が、幅員15m余りの空地（カンポン・クレアン村の広場ほどの大きさ）を南北に挟むように向き合って並び、1.2kmほどの集落空間をつくりだしている。やはりこの広場的に見える空間も雨期には小舟の行き交う水路になる。村は中央部分がわずかに小高くなっており、ここに寺院と宿坊、小学校が建つ。この場所

写真15　カンポン・プロック村、雨期になると舟だけが交通手段となる

カンボジア・トンレサップ湖の湖上集落　　107

は、雨期に村が水没しても唯一冠水せず島状の陸地となる。

　この村の高床式住居は、カンポン・クレアン村のものよりわずかに低く、柱は4〜6m程度の高さであるが、床下の使われ方はほぼ同じで、渇水期には物置場や通風のよい休憩場、仮設的な炊事場となる【写真16】。

　1〜3月ごろ、湖が渇水時期を迎えると盛漁期となり、村に近い地先水面には漁のための水上住居がポツポツと出現し始める。この水上住居は1週間程度で建てられた後、3〜6か月の漁生活のために使われる。沿岸の陸地に沿いながら沖合に向けて幾重にも重なるように設置され、各住居は例年ほぼ同じ場所に建てられる【写真17】。

　漁は湖の沖合で行われる。獲った魚は水上住居に併設された生簀で蓄養され、市場取引で、高値で売買される大きさに育てた後に出荷する。購入してきた稚魚を中間育成して出荷する漁師もいる。蓄養型漁業は、収穫量や取引価格が安定するため、従事している漁師は比較的裕福である。その一方で、水上に仮設住居を建てずに陸上の住居から舟で漁に出る漁民や、舟で2、3日寝泊りしながら漁を行う者など、さまざまなかたちで漁が行われている。

写真16　カンポン・ブロック村、雨期。中央の寺院があるところは、小高くなっていて冠水しない

108　　Chapter 2　　アジアの水上居住の変化

写真17 漁のための水上住居

写真20 テラスをエビの干し場としている

写真18 渇水期には床下は物置場や休憩所となる

写真19 同じ家の雨期

　　　ここに建てられる水上住居は仮設のため、簡素なつくりとなっている。枝葉を落としただけの灌木を縛って固定する架構法であったり、水面に床を張るための柱もか細い灌木を数多く湖底に立てることでしのいだり、屋根はヤシ葉やトタンを載せるだけであったりする。居住空間は、沖合の卓越波向に壁を設けて風波を遮り、陸側を開放している場合が多い。テラス面は漁獲物の干し場や漁のための道具置き場として利用され、炊事場が片隅に置かれる。また、雨期になると湖の水位上昇が始まり季節風も次第に強くなるため6月ごろには禁漁期となり、水上住居は解体される。このころから今度はエビ漁が始められ、捕れたエビは天日で乾燥させ、加工品がつくられる【写真20】。

チョング・クネアス村

　　　この村はシェムリアップから南に17kmの位置にある。この村には、湖に点在する水上集落との連絡港があり、川岸は賑やかな雰囲気に包まれ

カンボジア・トンレサップ湖の湖上集落　　109

写真21、22　カンポン・ブロック村。乾期(上)と雨期でまったく異なる表情を見せる

写真23、24　乾期には広場のように見える道も、雨期には舟が行きかう水路となる

ている。ただ、乾期になると水深が浅くなり、舟の航行が妨げられてきたため、2010年に水路の浚渫拡幅工事が行われ渇水期でも使える船溜まりが建設された。これにより遺跡観光の後に湖を観光する客が大幅に増え、観光船業が増加するとともに、漁業から遊覧船業や土産物屋へ転業する者が増えた。

　ここをはじめて訪れた時、小型の高床式住居を大人数人が軽々と持ち上げて舟に積み込む場面に出会った。この形態の住居は、「ドュプ」と呼ばれ、雨期には集落内の比較的標高の高い場所に移され、乾期になると湖の水面近くに移される。あたりを見回すと、小型の高床式住居が自然堤防に敷かれた道路を挟むようにして建ち並んでいた。ここの道路は雨期でも水没することなく通行できるため、2010年の船溜まり整備に合わせて道路の拡幅が行われた。その影響で一部の住居が場所の移動を強いられたようで、集落の形態が拡散しているように見えた【写真25】。

　船着場から船に乗り湖面に出ると水上にも高床式住居は多数建てられていた。そこで目を見張ったのは「浮かぶ住居」の数の多さである。浮かぶ住居は一見するとどれも同じように見えるが、舟住居や筏住居などさまざまな形態がある。目を凝らして注視すると浮かべ方にも多様な工夫が施されていることがわかる。また、役所や小中学校、教会などの公共施設や舟の修理工場、ガソリンスタンドなど公共性の高いものは、おもに浮函基礎を用いて浮かべられていた【写真26〜30】。

写真25　チョング・クネアス村。ドュプを舟に載せて移動

写真26　水上に並ぶさまざまな住居

写真27　新しく掘られた港は観光船で埋め尽くされている

写真28　浮かぶ教会

写真29　小学校は浮体式構造でつくられている

写真30　小学校校舎の上に運動場を載せている

カンボジア・トンレサップ湖の湖上集落

この村は、船溜まりの周辺と河口付近の堤沿いに高床式住居や水上住居が集まり7つの集落を構成している【写真31】。そのうちのふたつが水上集落である。7つの集落は番号で呼ばれ1〜5番までが高床式住居による集落で、6番が水上住居による水上集落である。ここにクメール系住民が暮らし、7番目がベトナム系住民の暮らす水上集落となっている。村の人口は6,666人余りで、1,186世帯が居住する（2009年）。住民の75%が漁業に従事し、残りが商業を営んでいる。水上集落の住民構成は、クメール系50%、

写真31　船溜まりの周辺と河口堤沿いに形成される集落。手前に小学校も浮いている

写真32　浮体式構造でつくられた土産物店

ベトナム系50％である。湖に立地するふたつの水上集落は、乾期の盛漁期に沖合に集落空間を形成するが、クメール系住民のいる集落には小中学校や教会、修理工場、浄水プラントなども浮かんでいる。

　近年は、観光客の増加に対応した大型で2階建ての土産物屋やワニの生簀の付いたもの、レストランなどが増えている。観光船とタイアップし、観光客を招き入れているようだ[写真32]。この水上集落は、雨期になると河口近くの浸水林のなかに移動するが、湖の水位が変わるたびに移動を強いられ、年に7回程度は係留場所の変更を余儀なくされている。

コー・チピン村

　コー・チピン村はトンレサップ湖の北端に位置し、チョング・クネアス村からは水路で40kmほどの距離にある。村は5つの集落から構成され、人口約10,000人、1,989世帯が水上で生活し漁業を営む（2009年）。住民はクメール系とベトナム系で構成され、ベトナム系住民はカンボジア内戦の時に進駐してきたベトナム軍の兵士がそのまま帰還せずに定住したという。

　この村はサン・カエ（Sunkae）川の河口から2kmほど遡った両岸に延び

写真33　コー・チピン村。水位が低くなるとつくられる簡易な高床住居

写真34　各住居は水位変動にあわせて浮体式でつくられている

写真35　乾期の自然堤防上の建物

写真36　雨期になると建物の周りに浮体式住居が集まってくる

写真37、38　高く見える乾期の自然堤防上の建物も雨期になると水面すれすれになる

るように立地している。川幅が広く自然堤防の標高が低いため、水位が上昇すると堤は水没する。そのため、集落を構成する住居はほぼ筏型で、わずかに浮函型のものがある。筏式住居は、浮力材に木材や竹など浮力をもつものは何でも用いるが、竹は腐食するため毎年取り換えるか補完を必要とする。また、集落によって妻入屋根と平入屋根の形態に分かれるが、壁材や屋根材はおおむねヤシの葉やトタンなど入手しやすい素材が使われている。

そして、利用方法に応じて移動型と定住型に分けられる。移動型は、湖の沖合で漁のために3か月ほど使われる。定住型は、居室・個室・炊事場など機能や用途に応じて分離され、コー・チピン村の場合にかぎられるが、定点付近で乾期と雨期の水位差に合わせてわずかな範囲で移動している。筏を分離しているのは、過去の火災の経験から延焼を防ぐ意味合いがあり、火気のある炊事場を他の室と分離したことから生み出された形態である。一方、住居内部は安定性を保つため、浮体空間特有の左右対称形の空間配置を見せる。また、人の集まる施設や規模が大きい小学校、役所などは大型の浮函基礎を用いることで水位の変化に対応している。病院、寺院、中学校、漁協事務所などは高床形式が用いられている。

各村の小学校では、雨期と乾期では授業時間が異なり、漁繁期は半日授業となる。また、学校に通う子どもたちは泳げることが必須となっている。さらに、各水上集落では日常生活における必需品や食品、飲料水、野菜などは専用の小型の物売り舟が巡回販売しているため不便はないという。ただし、価格は陸上と比べ2割から3割高い【写真33～38】。

季節変動に対応した移動性

トンレサップ湖は雨期と乾期で湖面の水位を大きく変えるため、湖畔・湖面にある村の住居では、床を高くしたり、浮かせることで、水に浸かることを逃れてきた。そのため、乾期の水が少ない時には逆に不便も強いられるが、長年の水と共生した生活の中から不便を克服する知恵が生み出されてきた。それが多彩な「移動性」を帯びた空間づくりである。

移動性を帯びた空間づくりとは、乾期の日常生活や生業において、人の移動、物（建物）の移動として見ることができる。日常生活面での人の移動は、住居内での平面的な移動、住居外の空間を利用した立体的な上下移動

がある。また、生業面での人の移動は、村から湖への一時的な住み替えをする陸水移動や船住居の移動である。他に建物そのものの移動もある。こうした移動性をおびた空間は、村々によって違いを見せる。

　カンポン・クレアン村やカンポン・プロック村では、住居には雨期や乾期の天候に備えた、日除け、雨除けになる庇の深いテラスが住居の前後に設けられ、ここが蒸し暑い時や炎天下での手作業をする時のしのぎやすい空間となり、天気や時間に合わせて住居内で快適な場所選びが行われている（日本でも京都の町屋では夏冬の居場所が異なる）。また、乾期になると住民は背丈の高い住居部分への上り下りの不便さを避けるため、日陰で風通しの良い床下空間に簡易な床を張ることで、生活の場を一段階地上に近い場所に移動する。なかには乾期に、ここで商店を開業するものもいる。こうした利用を含めて「トゥロン」と呼ばれる空間である【102ページ、写真10】。

　また、乾期を迎える湖は漁師にとっては漁期となり漁場になる。この時期、漁師は普段住んでいる陸の高床住居を離れ、村とは目と鼻の先に当たる近傍の湖面に仮設の高床式住居を建て、3か月から6か月ほどの間、漁に

写真39　コー・チビン村。かつての火災経験から台所と居間は分離された

専念した湖面生活を営む。乾期の高床の不便さを水上に住むことで解消する陸水移動の住み替え移住が行われる。一方、ベトナム系の漁師の船住居による水上集落も、乾期と雨期では集落の立地場所が変わる。乾期は湖面上に移動して集落を形成し漁を行うが、雨期になると河川を遡上して河岸に集落を形成して生活が営まれている。

　チョング・クネアス村では、雨期と乾期では自然堤防に沿って並ぶ住居の配列が変わる。これは水位の上昇する雨期なると小高い自然堤防の上の方に住居を運び上げて生活の場とし、水位の下がる乾期になると水際に近い場所に住居を移す。船に載せて家主の都合に合わせて場所の移動を行う、ドゥプと呼ばれる住居である【112ページ、写真25】。

湖における変化の兆し

　トンレサップ湖では水面の伸縮に合わせて、その都度生活の場を移動させたり、生業がしやすい場に移動することで、自然にあらがわずに共生してきた。しかし、こうした住民生活のなかにも近代化の波がひたひたと押し寄せており、各住居には電気が送電され、TV、ラジオやカラオケの普及はもちろん、井戸に電動ポンプを据える家もある。住居の建材にも工業製品が使われるようになっている。また、生業としての漁業では畜養養殖が浸透しはじめ、漁の安定化が図られてきている。一方、氾濫湖と呼ばれてきた雨期の湖を各村では観光資源として活用することを思考しており、カンポン・プロック村では外国資本が湖上のリゾートホテルを計画し、チョング・クネアス村やコー・チピン村でも外国資本が湖上に大型客船を浮かべて観光客誘致を展開している。

　こうした生活や生業を取り巻く状況は内部・外部から変化してきているが、いずれもが湖に依存したものである。トンレサップ湖の持続的な環境維持が湖に係わるすべての人・物・事の発展にとって重要なカギとなっている。

インドネシア・テンペ湖の浮家住居

インドネシア・ブギス族の浮家集落

　インドネシア列島のほぼ中央に、Kの字の形で横たわる島がスラウェシ島【図1】である。この島には、造船技術に長けた海洋民族ブギス族をはじめ、多くの民族が暮らしている。ブギス族は、かつてアジア太平洋の島々を縦横無尽に航海するアジア最強の海賊として名を馳せた。海洋民族としてはバジャウ族も有名だが、バジャウ族は必要な魚を必要な量だけ、突き漁か一本釣りで獲るという漁法スタイルをとる。それに対し、ブギス族は売れる魚ならなんでも獲るというスタイルで、航海の移動距離も長い。またバジャウ族は、フィリピンやマレーシア、インドネシアなど、彼らの主要な交易路であったマカッサル海峡周辺の島々に定住するか、珊瑚礁近海を移動しながら漂海民として暮らしている。それに対してブギス族のほとんどは、スラウェシ島南部に定住し、今は農業や漁業を営んでいる。そして、彼らは定住した後も、機械設備に頼らず、その地域特有の海や川、湖といった自然環境の特性をうまく活かしながら生活をしている。

図1　スラウェシ島の位置

　これまでの海洋民族の水上集落や高床式住居に関する研究資料では、建築の形態や装飾の由来、建築材料の地域性、湿気・洪水対策などの工夫や空間構成などを明らかにしたものは多いが、そこに住む民族の住まい方や各集落固有の特徴を捉えた研究は少ない。そこで、他の水上集落とは異なる独特な特徴をもつテンペ（Tempe）湖の水上集落【写真1】を取り上げ、東南アジア特有の気候である雨期と乾期の水位変化や季節風に、彼らがどのような知恵と工夫を凝らして対応しながら暮らしているのかを把握することにした。

　近年、水上家屋の環境性能の高さに関心が集まるようになった。加えて精密な計測機器もコンパクトで安価になったため、多くの研究者が、

写真1　テンペ湖に浮かぶ浮家集落

*1　CASBEE（建築物総合環境性能評価システム）：省エネや省資源・リサイクル性能といった環境負荷削減と、室内の快適性や景観への配慮といった環境品質・性能の両面から建築物の環境性能を総合的に評価するシステムのこと。村上周三氏らはCASBEEにより水上住居の環境計測を行っている（村上周三『ヴァナキュラー建築の居住環境性能——CASBEE評価によりサステナブル建築の原点を探る』慶應義塾大学出版会、2008年）

CASBEE[*1]の評価などを用いて国内外の伝統的民家の環境性能の高さを確認できるようになった。CASBEEは、建築物の環境品質（Quality）が高いほど、また建築物の環境負荷（Load）が低いほど、建築物の評価が高くなる仕組みである。単に品質の高さだけを競うシステムとは異なる点で興味深い。それゆえ、現代建築と比べて、環境負荷が大幅に小さい伝統的な民家が再評価されるようになったのである。著者らがこれらの水上集落を調査していた時、不快を覚えるどころかむしろ快適であった。環境品質も高いと感じた。ここでは、湖上に浮かぶ水上家屋の環境性能について、微気候実測結果も含めて考察する。

豊かな自然が残るスラウェシ島・テンペ湖

インドネシア共和国のなかでスラウェシ島は、地質学はもとより生物学、民族学の分野においても最も変化に富み、特異な環境であることで注目を集める。この島には約1,000万人が住み、行政区は北、中央、南東、南の

インドネシア・テンペ湖の浮家住居　　121

4州で、それぞれマナド、パル、ケンダリ、マカッサル（旧称ウジュンパンダン）が州都である。近年は、有数のニッケル鉱や貴重樹の黒檀、紫檀、ラタンの産地として開発に拍車がかかろうとしている。人口分布は、北のミナハサ半島と南のマカッサルに集中し、その他の地域の密度はまばらである。

　テンペ湖は、スラウェシ島南の州都マカッサルから約242kmの距離に位置するセンカン（南緯4°東経119°）という町を経由し、ワラエナ川の川岸に向かって約7km進んだ位置にある[図2]。この湖は、雨期（11月〜5月）と乾期（6月〜10月）で、水位が3m以上変化する。面積は、約13,000haの大きな氾濫湖であり、鳥や水生植物、野生のアヒルをはじめとするさまざまな

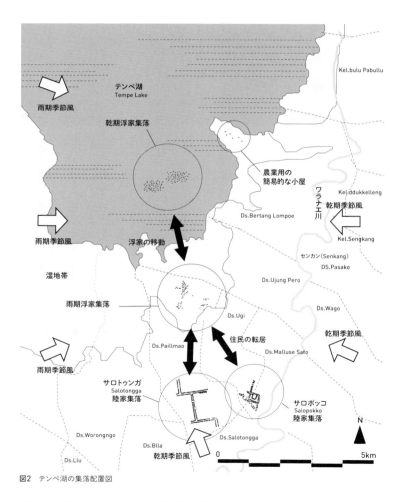

図2　テンペ湖の集落配置図

122　　Chapter 2　　アジアの水上居住の変化

生物が生息している。湖底には、魚の餌の源が蓄えられているといわれ、生簀と同じくらいの生産高があるという。この湖の氾濫は、時には住民の生活を脅かすが、その一方で豊かな生態系を育む湿地を形成し、漁業の基盤として重要な環境であることが知られている。

テンペ湖には、魚を獲るために湖上に家を浮かべて暮らすブギス族の「浮家」の集落がある【表1】【写真2】。浮家集落は、1960年代につくられた水上の村である。漁場の近くに住むために、竹の筏に載る高床式家屋（筏から床まで0.3〜0.6m）が集まってできた。住民の移動手段は、小型の原動機付きボートや手漕ぎボートである。早朝に浮家から漁場へ出かけ、前日に仕掛けた網を引き揚げて浮家に戻り、日中は獲った魚を干して仲買人に売ったり、網繕いをしたりするなどの生活である。小さな子どももこの浮家に住み、自分でボートを漕いで学校に通学している【写真3、4】。

この地域には、テンペ湖上だけでなく、湖畔の陸上にもふたつ高床式住居の集落（サロトゥンガとサロポッコ）がある【写真5、6】。この陸家は、湖畔に建つ

表1　テンペ湖集落の概要

			浮家集落	陸家集落
自然環境特性	気候		熱帯雨林気候	
	季節		雨期：11月〜5月／乾期：6月〜10月	
	季節風		雨期：北西〜南西／乾期：東〜南	
	温度（月平均）		約30℃（1月）〜35℃（9月）	
	湿度		70%〜80%	
	降水量		平均3,000mm/年	
社会環境特性	人口		約250人（調査時）	約1,500人（調査時）
	家屋数		95戸（調査時）	約400戸（調査時）
	宗教		イスラム教	イスラム教
	民族		ブギス族	ブギス族
	主な職業		漁師100%	漁師約50%、農業約50%
	漁業形態		定置網、投網	
	主な栽培作物		トウモロコシ、イモ類、豆類、トウガラシ	
	インフラ	電気	発電機	電線による電力供給
		ガス	なし	なし
		水道	上下水道なし	水道による給水、下水道なし

インドネシア・テンペ湖の浮家住居　123

写真2　竹の筏に建てられた浮家

写真3　浮家のテラスで魚を干す

写真4　手漕ぎボートで通学する子どもたち

写真5　テンペ湖畔の陸上集落

写真6　陸上での農作業

木杭で支えられた高床式の家屋である。住人は近くの農地でトウモロコシや豆類を栽培するなどの農業を営んでいるが、浮家の住人でもある。現地住民へのヒアリングによると、陸家集落に住む人々は約1,500人と、浮家集落の人口約200人に比べてかなり多い。つまり陸家には、漁業を引退した浮家住民の家族や農業を専業で営む人、陸家から湖へ漁に出かける人なども暮らしていると思われる。

インドネシア・テンペ湖の浮家住居　　125

浮家住民の移動・転居・転業

　浮家集落には電気・ガス・水道のインフラは引かれておらず、照明はガスランプで、炊事は炭火で行っている。また、下水は湖に流している。一方、陸家集落には電気と水道が整備されているが、生活用水には井戸や川水も併用している。

　浮家は移動するため、GPSを使って調べたところ、乾期は湖の中央付近に、雨期は湖畔の浅瀬付近に停泊していることがわかった。家屋は10〜50mの間隔で95戸が存在する。いずれの家屋も約3m離れたところに竹の杭を湖底に打ち込み、家屋とロープでつないで停泊していた。そのため、風向が変わると風上側に家屋の妻側が向くことから、すべての家屋が同じ向きに整然と並んでいた。浮家はいつ、何のために、どのように移動しているのか。彼らの暮らし方を把握すべく、2003〜2004年の2年間、彼らがどこに住まい、何を生業にして生活していたのかを浮家住民3名にヒアリングした。その結果、住民は雨期と乾期の湖の水位変化や台風上陸などによる強風に対応するために、浮家を移動し、転居・転業しながら生活していることがわかった。以下に、2003年乾期から2004年雨期までの住民の移動・転居・転業のパターンを紹介する【表2】。

　まず、6月から乾期に入り徐々に湖の水位が低くなるため、住民①は8月から浮家を湖の中央付近に停泊させて漁を営んでいた（住民②は6月、③は5月から）。その後、しばらくするとさらに湖の水位が下がるため、漁が困難になり、9月には住民①と③は湖中央に浮家を放置したまま陸家へ転居し、12月ごろまで農業を営んでいた。乾期になると現れる湿地帯の土地を利用して農業を行うこともあり、住民②は、9月からその湿地帯に建てた簡易的な家に転居し農業を営んでいた。なお、11月からは雨期に入り、湖の水位が高くなるため、住民①と③は11月に浮家を浅瀬に移動していた。

　雨期に入ってからしばらくすると湖の水位はさらに高くなるため、住民①は1月から5月まで（住民②と③は6月まで）、浮家を陸近くの浅瀬に停泊させて漁を営んでいた。このとき、浮家集落は狭い場所に密集することになり、親族同士で浮家を連結させることが多い。この時期、彼らが陸近くの浅瀬に停泊するのは、台風による強風で浮家が転覆するおそれや、湖面に生息、栽培されている大量の浮草が、強風で流されて浮家が押しつぶされるおそれがあるためである。

表2　浮家住民の移動・転居・転業

		2003年												2004年											
		1月	2月	3月	4月	5月	6月	7月	8月	9月	10月	11月	12月	1月	2月	3月	4月	5月	6月	7月	8月	9月	10月	11月	12月
季節		雨期					乾期							雨期					乾期					雨期	
水位		高					中		低			高		高					中		低			高	
住民①	浮家位置	浅瀬						移動	転居転業	湖中央	移動	転居転業		浅瀬					移動			湖中央		転居転業	
	生業	漁業								農業									漁業				農業		
	生活拠点	浮家								陸家									浮家				陸家		
住民②	浮家位置	浅瀬					移動		転居転業	湖中央			転居転業	移動	浅瀬				移動		転居転業	移動	浅瀬		
	生業	漁業						農業						漁業						農業					
	生活拠点	浮家						簡易小屋	陸家					浮家							簡易小屋	陸家			
住民③	浮家位置	浅瀬				移動	湖中央		転居転業	移動	浅瀬	移動転居転業	陸家隣			移動	浅瀬	移動	湖中央				転居転業		
	生業	漁業						農業						漁業						農業					
	生活拠点	浮家						陸家						浮家						陸家					

また、住民③は1月から4月まで陸家の隣に浮家を移動させて、漁業を行っていた。浮家を移動する場所や時期は、その年の気象に対して柔軟に変更し、2〜3年に一度の大きな台風が上陸して陸家が浸水しそうな時は、浮家と陸家を連結し、浮家で生活するという。そして、6月から乾期に入ると、再び湖中央へ移動し漁業を行っていた（住民②と③は7月から）。

　以上のことから、テンペ湖集落の住民は、漁業用の浮家と農業用の陸家のふたつの家をもち、水位が低くなる乾期には浮家を湖の中央へ、雨期に

は湖畔へ、台風時には陸家の隣へと臨機応変に移動することで、水害の危険を回避していることがわかった【図3】【写真7、8】。つまり、浮家は湖の増水による浸水対策だけでなく、移動可能であることが、住民が湖の環境変化に柔軟に対応するために重要なのである。

・乾期 (7〜8月)
湖の水位は下がり始め、
浮家は湖岸から水深のある「湖中央」へ移動し
「漁業」を営む

・乾期→雨期 (9〜12月)
水位が低くなり漁業が困難になると、
浮家を「湖中央」に置いて住人は
「陸家に転居」し「農業」を営む

・雨期→乾期 (1〜6月)
雨期の台風による強風で高波が発生すると、
「湖中央」から「陸から浅瀬」に
ボートや人力で移動し
「漁業」を営む

・雨期→乾期 (1〜6月)
2、3年に一度、
湖の氾濫で陸家が浸水すると、
浮家は「陸家の隣」へ移動し、
住民は浮家で生活する

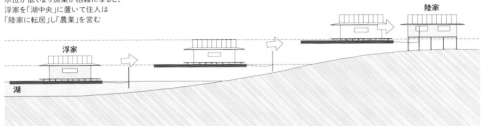

図3　雨期と乾期における浮家の移動

写真7　浮家の移動風景

写真8　陸家が浸水した跡

Chapter 2　アジアの水上居住の変化

浮家のつくり

　浮家の基礎（浮体下部構造）は、竹を重ねてつくられた筏であり、その上に角材を組んだ平屋の家屋が建てられている【図4】【写真9、10】。住民の人数が多い場合は、大きな家屋や2階建てにするのではなく、複数の平屋の浮家を連結させて使っている【写真11】。そのため、連結させた浮家を切り離せば容易に移動させることもできる。土台の上に組まれた家屋の床は、板張りか半割の竹を並べたもので、いずれも1〜3cmの隙間が設けられている。浮家の日中の微気候調査結果【表3】によると、この隙間から水面を通る風が、高さ0.3〜0.5mの床下空間を介して、約0.3m/sの風で室内に入ってくることがわかった。また、浮家は季節風に応じてその向きを変えるため、家

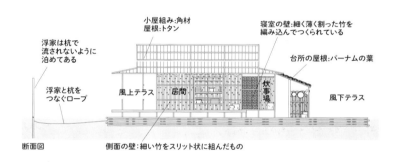

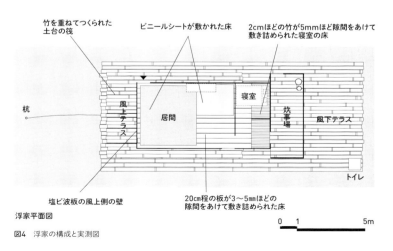

図4　浮家の構成と実測図

インドネシア・テンペ湖の浮家住居　　129

写真9 実測した浮家

写真10 浮家内部

130　　Chapter 2　　アジアの水上居住の変化

写真11 大家族向けの連結された浮家

表3 浮家の微気候実測結果

			風上テラス		風下テラス		居間		寝室		炊事場	
			朝	昼	朝	昼	朝	昼	朝	昼	朝	昼
浮家	a	行為			魚干し		食事				炊事	
		温度	34.0	32.0	34.0	36.0	33.0	33.0	33.0	33.0	33.0	33.0
		湿度	63.0	60.0	63.0	55.0	64.0	65.0	69.0	65.0	69.0	65.0
		風速	1.4	2.2	1.6	1.0	0.3	0.3	0.3	0.0	0.2	0.3
	b	行為			魚干し		昼寝				炊事	
		温度	30.3	33.6	30.6	32.6	30.3	33.3	30.3	33.6	30.3	32.6
		湿度	73.0	59.0	75.0	64.0	75.0	71.0	74.0	60.0	75.0	68.0
		風速	2.0	4.0	0.2	0.4	0.2	0.0	0.0	1.4	0.0	0.0

- 実測日時……2006年5月1日 朝9:00と昼13:00
- 実測方法……浮家2戸に調査員2人（1戸/1人）、陸家4戸に調査員2人（2戸/1人）を配置し、上記の時間帯に以下の順で実測した。1.テラス（浮家は風上、風下テラスの両方）→2.居間→3.寝室→4.台所→5.床下空間（陸家のみ）。計測点は、各空間の中央、床上1mとした。風速は、計測器をゆっくりと水平回転させて、最も高い数値を示した方向の風速を採用した。
- 実測機器……温湿度実測機器：デジタル温湿度計（CUSTOM CTH-990）、風速実測機器：デジタル風速計（CUSTOM CW-20）

屋の妻側は風上となり2m/s前後の風が家屋にあたっている。妻壁は塩ビ波板か隙間のない板張りとし、壁面から風を取り込むことはしていないが、壁と屋根の間に隙間を設けて適度な風を取り込んでいる。他の壁は、塩ビ波板や竹を編んだもの、板張りなどさまざまで、風が通り抜けるように隙間が設けられている。また、天井はなく屋根はトタン葺きかヤシの葉でつくられ、室内の空気が淀まないようになっている。実測した浮家2戸は、いずれも室内の方がテラスよりも温度がやや低かった。

浮家での暮らし

内部には、大きな居間とその隣に小さな寝室があり、家屋妻側の風下テラスに面した場所に台所がある【写真12】。表4に、浮家住民の一日の生活行為の例を示す。これによると、男性は朝に1時間ほど漁をして、日中の暑い時間帯は浮家内部で食事や休憩、昼寝で過ごし、夕方涼しくなってから再び漁を行っている。つまり浮家は、仕事をする住民にとっても日中の重要な生活空間になっているのである。

写真12　浮家の台所

表4 浮家住民の一日の生活行為例

時		0 1 2 3 4 5 6	7	8	9	10 11	12	13	14	15 16	17	18	19	20 21 22 23 24
浮家	男性 30歳	睡眠	休憩	漁	休憩	食事	休憩	昼寝	休憩	漁	食事	睡眠		
		寝室	居間	湖	居間					湖	居間	寝室		
	女性 30歳	睡眠	魚干し	魚加工	食事	掃除	昼寝	休憩	炊事	食事	睡眠			
		寝室	テラス	台所		居間			台所	居間	寝室			

2004年7月16日〜8月16日の調査期間にインタビュー形式で浮家住民 (15家屋) に一日の生活行為と場所を聞いた。上記はその一例

写真13　浮家の床下で家畜を飼う

　また、高さ0.3〜0.5mの床下空間では鶏を飼って卵をとり、食事をする時に出る残飯を、床の隙間から下に落として鶏の餌にすることで湖を汚さない工夫をしている【写真13】。土台である筏には、木造テラスが設けられ、風上側は外部空間として、風下側はおもに魚干しに利用されている。

陸家集落

　陸地にはサロトゥンガ (Salotongga) とサロポッコ (Salopokko) のふたつの陸家集落【図5】があるが、陸家集落は、浮家集落の住民の家でもある。家屋以外のおもな施設として、いずれの集落にも小学校とサッカーグラウ

インドネシア・テンペ湖の浮家住居　133

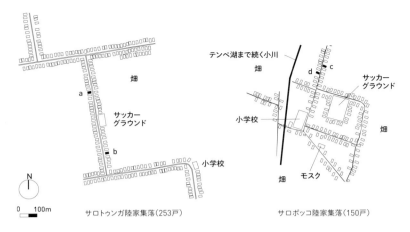

図5 陸家集落の配置図

ンドがある。家屋数はサロトゥンガが253戸、サロポッコが150戸で、いずれも道に沿って7〜11mの間隔で整然と建ち並び、家屋間の土地や隣地にはトウモロコシやバナナ、ヤシ、サトウキビの畑がある。家屋間の7〜11mの空間は、2〜3年に一度の大きな台風が上陸して湖が氾濫した時に、陸家の隣に浮家が移動してくることができるためのものである。なお、陸家が床上浸水する時、住民は浮家に転居するという。

陸家のつくり

　陸家は、1階の床の高さが地上から1.8〜2.4mと非常に高い高床式家屋である【図6】【写真14】。室内空間は、浮家と同様に居間とその隅に小さな寝室、妻側に台所といった空間構成である。壁の素材は浮家同様に塩ビ波板や竹を編んだもの、板張りなどさまざまである。内部の間仕切りや天井は合板でつくられている。そして、多くの開口部にはガラスの窓があり、屋根はトタン葺きである【写真15】。

　陸上には時々気持ちのよい風が吹くが、湖上のように頻繁に風は吹かないため、陸家の室内空間は窓を開放しても蒸し暑い。そのため住民は、日中のほとんどを床下の空間で過ごしている【写真16】。実際、多くの陸家の床下には竹のテラスが設けられていた。この床下空間は、乾期の間は物置場としても利用されているが、雨期になると浸水することもあるため、家

134　Chapter 2　アジアの水上居住の変化

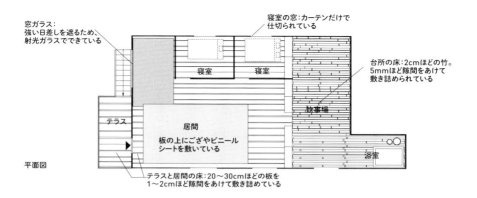

平面図

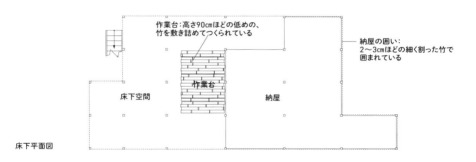

床下平面図

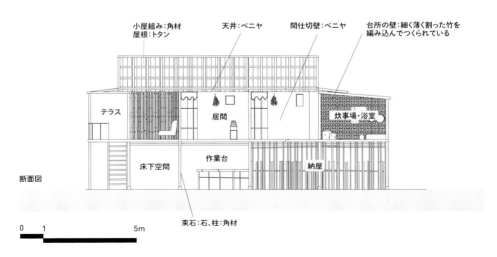

断面図

図6 陸家の構成と実測図（図5のa）

インドネシア・テンペ湖の浮家住居

写真14　実測した陸家

写真15　陸家の開口部

写真16　陸家の床下につくられたテラス

具や家電製品は置かれていない。

　このような陸家の床下空間は、上部の家屋全体が日射を遮る屋根の役割を果たし、なおかつ壁がないため風向きに関係なく風通しがよい。そのため、どんなに風通しのよい室内空間をつくっても、床下空間の方が涼しいのである。なお、実測時には、最も気温が高い昼間は、床下空間が他の室

136　　Chapter 2　　アジアの水上居住の変化

表5 陸家の微気候実測結果

				1 テラス		2 居間		3 寝室		4 台所		5 床下空間	
				朝	昼	朝	昼	朝	昼	朝	昼	朝	昼
陸家	陸家	a	行為				食事			炊事			昼寝
			温度	32.0	34.5	32.6	34.5	32.9	34.5	33.0	34.0	32.3	33.0
			湿度	73.0	62.0	75.0	63.0	77.0	63.0	76.0	63.0	72.0	63.0
			風速	1.4	0.3	0.4	0.0	0.2	0.0	0.0	0.0	1.6	1.0
		b	行為				食事						団欒
			温度	35.0	34.5	35.6	34.5	35.0	34.5	34.0	34.0	33.0	33.3
			湿度	65.0	62.0	66.0	63.0	66.0	63.0	68.0	63.0	74.0	63.0
			風速	0.4	0.3	0.2	0.0	0.0	0.0	0.0	0.0	1.2	1.0
	サロポッコ	c	行為		くつろぎ		食事						昼寝
			温度	32.5	33.3	34.0	34.5	34.0	34.5	34.0	34.5	31.5	32.3
			湿度	56	56.0	57.0	58.0	58.5	60.0	58.0	59.0	58.5	60.0
			風速	0.6	0.8	0.1	0.3	0.0	0.0	0.1	0.3	0.5	0.4
		d	行為			団らん			昼寝				
			温度	34.0	34.5	33.5	33.6	33.0	33.3	33.0	33.3	33.0	33.3
			湿度	55.5	56.0	58.5	59.0	58.0	59.0	60.0	61.0	58.5	60.0
			風速	0.8	0.6	0.5	1.2	0.0	0.0	0.0	0.0	0.1	0.3

- 実測日時……2006年5月1日 朝9:00と昼13:00
- 2実測方法……浮家2戸に調査員2人(1戸/1人)、陸家4戸に調査員2人(2戸/1人)を配置し、上記の時間帯に以下の順で実測した。1.テラス(浮家は風上、風下テラスの両方)→2.居間→3.寝室→4.台所→5.床下空間(陸家のみ)。計測点は、各空間の中央、床上1mとした。風速は、計測器をゆっくりと水平回転させて、最も高い数値を示した方向の風速を採用した。
- 実測機器……温湿度実測機器:デジタル温湿度計(CUSTOM CTH-990)、風速実測機器:デジタル風速計(CUSTOM CW-20)

内空間よりも1〜2℃低く、さらに1m/s以上の風が吹いていた【表5】。

陸家での暮らし

　表6に、陸家住民の一日の生活行為の例を示す。これによると、午前中、男性は畑仕事、女性は家事を行い、気温が上がる昼間は家屋の床下空間で休息や昼寝をし、夕方になってから仕事を再開している。日中の床下空間で過ごす時間は3〜5時間と長い。つまり、陸家の床下空間は、単に浸水対策や湿気対策だけの空間ではなく、住民にとって生活の重要な場所になっているのである。

自然の変化に柔軟に対応する知恵

　高温多雨の環境下で水位変化の大きなスラウェシ島テンペ湖で暮らす

表6　陸家住民の一日の生活行為例

		時 0〜5	5〜6	6〜11	11〜12	12〜14	14〜15	15〜18	18〜19	19〜20	20〜22	22〜24
陸家	男性 32歳	睡眠	祈り	農作業	食事	休憩	昼寝	農作業	祈り	食事	休憩	睡眠
		寝室	居間	畑	居間	床下	居間	畑	台所		居間	寝室
	女性 35歳	睡眠	祈り	洗濯　炊事	食事	休憩	昼寝	休憩	炊事	食事　休憩		睡眠
		寝室	居間	台所	居間	床下	寝室	床下	台所	居間		寝室

2005年5月1日〜5月6日の調査期間にインタビュー形式で陸家住民（7家屋）に一日の生活行為と場所を聞いた。上記はその一例

人々が、雨期と乾期の湖の水位変化や、季節風や台風などにどのように対応しながら暮らしているのかを整理すると次のようになる。

　①テンペ湖集落の住民は、移動できる浮家に加え、陸上の高床式住居をもっている。また、一部の住人は、乾期の湖畔で農業を行うための簡易な小屋ももっている。②住民は、水位が低くなる乾期には浮家を湖の中央へ、雨期には湖畔へ、台風時には陸家の隣へと臨機応変に移動することで、水害の危険を回避している。③水位が低くて漁ができない季節には、住人は陸家に転居して農業を営んでいる。④浮家は、風通しのよいつくりになっており、その室内空間には、床や壁から湖上の風が適度に取り込まれ、暑い日中は住人の休息や昼寝の場所になっている。⑤高床式住居の陸家は、7〜11mの間隔で並んでおり、2〜3年に一度、湖が氾濫する時に、陸家の隣に浮家が移動して連結できるようになっている。また、この家々の間は、トウモロコシやバナナ、ヤシ、サトウキビを育てるための畑でもある。⑥高床式住居の陸家には、日差しが遮られた風通しのよい約2.2mの高さの床下空間があり、住民が日中の暑い時間帯に休息や昼寝の場所として利用されている。

　テンペ湖の集落は特殊な技術を駆使した建築ではないが、自然環境の変化を受け入れ、柔軟に対応するための家屋の配置やつくり、住まい方にさまざまな住民の知恵と工夫が凝らされていることがわかる。彼らにとっての湖は、快適に暮らすための付加価値的な存在ではなく、生産や消費活動も含めた生活の中心舞台である。だからこそ、生活に不都合な変化を治めることはせずに、その自然環境に柔軟に対応する知恵を獲得してきたのである。

Appendix

日本の水辺の暮らし

水上に住居としての建築物を構えることは
我が国ではきわめて限られていた。
しかし、四面環海な国土のため、
舟を住居として暮らす人々がいたことは先述したとおりである。
また、水の上の住居はなくとも、
水や水辺と密接に関わった暮らしを営む人々は
各地で見ることができた。
そのなかから、本書の補遺として、
舟小屋や牡蠣船を取り上げることとした。

舟小屋の変化

各地に存在した舟小屋

　日本の舟小屋は、舟を収納するための小屋で、木舟と歩調を合わせるように発達してきた。地方によってその呼称は若干異なるが、おおむね舟納屋、舟屋、舟倉などと呼ばれ地域の人々の生活に密着してきた。今日、その数は減少傾向にある。ごく限られた地域でだけ見られる稀有な存在になったため、観光資源としての役割を担わされている場合もある。今和次郎の著書『日本の民家』や宮本常一などが書き残した記録および漁村を記録した古い写真集などに目を通すと、かつては全国津々浦々の海浜において、ごく当たり前に建てられていたことがわかる。

　舟小屋については前著『アジアの水辺空間』のなかで、「舟小屋がつくる水際集落」と題し、おもに京都府丹後半島の伊根集落を取り上げた。ここでは、その後の調査で判明した舟小屋の状況を含めて紹介していきたい。

　1998年、前著の出版準備の最中に、舟小屋の所在確認の調査を全国的に実施した。その時は残念ながら、太平洋側の海岸線では舟小屋の存在を確認することができなかった。その後、愛媛県西宇和郡伊方町にも舟小屋の存在を確認した。日本海側では、北は青森県から南は長崎県の壱岐・対馬の離島に至るまで広範囲に分布していることがわかった。日本海に面した1府15県の漁村集落で、その存在を確認することができ、舟小屋が立地する集落数は78か所を数えた（回答を寄せてくれた漁協数）。とくに佐渡島を含めた新潟県、若狭湾に面し

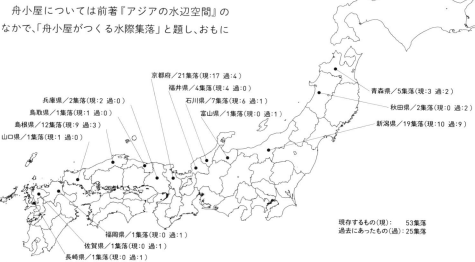

図1　日本海側の舟小屋の分布（1998年の調査に加え、2007年の調査では、新たに兵庫県城崎郡城崎町円山川楽々浦に立地する舟小屋の存在を見出した）

た京都府、隠岐の島を含めた島根県の各漁村集落で、今日においても数多くの舟小屋が活用されていることを知り得た。

その後、2007年に再度舟小屋の全国調査を行った際、わずか10年で50か所ほどにまで減少していることを知った【図1】。

舟小屋の出現

木造の舟は、海面に係留しておくと、二枚貝の船喰虫と呼ばれる貝が付着して舟底などに穴を空けたり傷みやすい。浜に揚げても、そのまま放置すれば、雨や冬場の積雪で腐食したり、日射しで乾燥し割れたりして朽ち果てるのが早くなる。舟は漁師にとって大事な財産であり、仕事の道具である。傷みや劣化を防ぐために、舟を収納する舟小屋がつくられた。それ以前は浜に揚げた舟の甲板に藁や茅などの束を被せたり、甲板部分を覆うだけの苫掛けを載せたりして雨や日射しをしのいでいた。次第に苫掛けの下に材木を組み、屋根形状の覆いを載せるようになるが、いちいち載せたり降ろしたりするのは手間がかかるため、2本の束柱で棟木を支え、茅葺き屋根を架け、その中に舟を入れることで、舟の出し入れだけができるようになった。その後、柱を四隅に立て屋根を載せ、使い勝手のよい舟小屋へと変貌した。

全国に普及した舟小屋の規模や形態は、収納される舟の大きさで決まる。収納される舟は、おもに全長7m未満、全幅2m未満ほどの磯根資源(海藻や貝類のこと)の採取に使われる磯舟である。そのため、桁行8m、梁間3m、軒高1.5m程度の建物となる。屋根は、1艘あるいは2艘の収納の場合は切妻で、それ以上になると平入りになる。切妻の場合は、4本ないし6本の柱を掘立てか束建てで立てる。また、風や雪による水平方向の力や垂直方向の荷重に対応するため、柱は「内転び」、または「四方転び」と呼ばれる若干内側に傾ける立て方がされる。柱と梁、桁、束、棟木は栓や仕口、鎹により接合され、梁間と桁行には胴貫を用いたものが多い。通気性を考慮し、外壁は張らない。また、常に風が通り抜けるようにしながらも、雨や雪の吹き込みを防ぐために、海側を向く妻側開口部の軒高はできるだけ低く抑え、砂浜の斜面に沿うように傾斜して建てる場合が多い【図2】【写真1、2】。

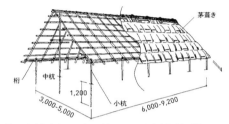

図2 兵庫県城崎町・円山川の竹でつくられた舟小屋(楽々浦)

写真1 1艘を入れる舟小屋(島根県隠岐の島町卯敷)

写真2 2艘を入れる舟小屋、柱は内転び(島根県隠岐の島町飯美)

舟小屋の変化

日本海側で発達した舟小屋

　日本海側の舟小屋は、降水量が多く変動の激しい気候と、干満差の小さい潮汐作用を見せる海象条件を加味しながら建てられている。干潮と満潮の水位差は、太平洋側に比べ日本海側は非常に小さい。このことが日本海側で舟小屋が今でも残されている理由のひとつである。干満差の小さい日本海側では、満ち潮が海浜に遡上する幅も小さく30～50cmほどである。一方、太平洋側では、おおむね1～2mに達する【図3】。この差が舟を浜に揚げる際に大きな違いを生み出す。日本海側では満ち潮の寄せる幅が小さい分、舟を波打ち際に近い前浜に置くことができるため、舟の揚げ下ろしが容易で出漁もしやすい。太平洋側では満ち潮の遡上が大きい分、舟を後浜の奥まで上げる必要があり、揚げ下ろしに労力を要することになる。

　かつては、太平洋側の海岸にも舟小屋は建てられたが、船体が木造からFRP（Fiber Reinforced Plastics：繊維強化プラスチック）造に替わり腐食や劣化の心配がなくなってからは、ほぼ完全に消滅することになった。日本海側では、船体がFRPに替わっても、冬場は船体に雪が溜まり沈没の恐れがあったり、海がしけて漁ができない時期が続いたりするため、舟を収納する場所として舟小屋が必要とされた。

　舟小屋に舟を収納するかしないかは、車を駐車する際、屋根付き駐車場にするか屋根なしにするか程度の違いで、舟の収納が習慣化しているところでは今日でも継続的に使われている。また、舟小屋の規模や形態は、収納する舟の大きさや用途の類似性により、おおむね似通ってくるが、地域ごとに、海岸特有の気象や海象、海岸性状などの風土を反映しながら多様な形態が生まれた。たとえば、海岸線の岩場で岩を割り抜いてつくられたものや石を積んでつくられたもの、数軒ずつ軒を揃えるもの、連棟で建つもの、長屋のように連なるもの、2階建て・3階建て、農業用のものなど、それぞれ地域にあった建て方や使い方がある。

　なかでも、京都府伊根町の「舟屋」（伊根町での呼び方）は、その形態や使われ方がきわめて特異で、舟小屋が連なり群をなす海岸の風景は、他を圧倒する水辺空間あるいは漁村の文化的景観を創出している（後述）。また、新潟県糸魚川市筒石には、木造3階建ての舟小屋があったり、石川県珠洲市三崎町には、「高舟小屋」「下舟小屋」と呼ばれる舟小

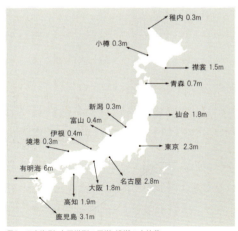

図3　日本海側・太平洋側の干潮・満潮の水位差

写真3　高舟小屋と下舟小屋（石川県珠洲市三崎町）

写真4　農業用の舟を収容する舟小屋（福井県若狭町三方五湖）

写真5　軍艦を収容した石積みの舟小屋（復元、山口県萩市浜崎町）

屋がある【写真3】。高舟小屋と下舟小屋は連結した2段式の舟小屋で、高舟小屋は冬場、海が荒れて漁ができない時期に舟を収納する場所として使い、下舟小屋は盛漁期、頻繁に舟を使用する時に使われ、季節ごとの海象と使い勝手を考慮した建て方がされている。福井県若狭町伊良積北庄の三方五湖には、梅の収穫時に使う運搬舟を収納する舟小屋が復元されている【写真4】。さらに、山口県萩市浜崎町には、江戸時代の軍艦を収容する石積みの舟小屋があった【写真5】。加えて、壱岐・対馬では海藻の貯蔵場としても舟小屋が使われ「藻小屋」とも呼ばれている。

世界の舟小屋

こうした舟小屋は、日本固有のものではなく、舟を守るための設えとして世界各地の海岸や水辺においても見ることができる。おもな舟小屋を列記すると、イタリアのコモ湖には、湖岸に建つ館の付属舎として、護岸に石造りの洞窟のような形態の舟小屋がつくられ、内部にヨットやモーターボートが収納されている【写真6】。コモ湖はイタリアとスイスの国境に位置し、アルプス山系の山々に囲まれ、気象条件が厳しく降雨量や積雪量が多いため、こうした舟小屋がつくられてきた。

アメリカのワシントン州シアトルは、複雑に入り組んだ海岸の湾奥の水面上や水際に、雨や雪を防ぐためにつくられた舟小屋があり、モーターボートやクルーザーが収納されている。同じくテキサス州のガルベストン湾では、強い日射しで船体が劣化することを防ぐために舟小屋がつくられてきた。

インドネシアのバリ島でもカヌー型の漁船を雨や強い日射しから守るために、後浜にヤシの葉で葺いた屋根を載せた背丈の低い簡素な舟小屋が建てられている【写真7】。他にミクロネシアの島嶼部においてもカヌー型漁船を収納する簡素な舟小屋がある。

写真6　イタリア、コモ湖の舟小屋

写真7　インドネシア、バリ島の舟小屋

若狭湾の舟小屋

若狭湾には伊根町に限らず、他にも多数の舟小屋が存在する。地図を見るとわかるように、湾内には大小入り組んだ微細な湾や入江が多数あり、それがこの地方の気候風土と相まって舟小屋を生み出す要因となった。わかっただけでも漁村21集落（東側から甲楽城▲、縄間、名子、三方地区、音海、田井、成生、野原、三浜、島陰▲、矢原、江尻、溝尻、長江▲、里波見▲、大島、伊根（日出・高梨・西平田・東平田・耳鼻・亀山）、新井、浦入、浦島、竹野▲。▲印はかつて存在した集落）で、特徴的な形態をもつ舟小屋を確認することができた【図4】。

京都府の若狭湾内に位置する13集落のなかから、現存するおもな舟小屋を取り上げる。舞鶴市の成生集落は、山裾谷合の穏やかな斜面に形成されている。天正期（1573〜1591年）から刺し網でブリ漁業を行ってきた、舞鶴の代表的漁村である。慶長13（1608）年ごろ、出漁中の漁師がしけに遭い、そのほとんどが遭難するという事故が起き、それ以後、離村が相次ぎ一時は戸数わずか7戸にまで衰退した。その後持ち直し文政年間（1818〜1830年）に残った20戸が、そのまま昭和に入るまで約120年間集落を維持してきた。明治30年代から40年代（1897〜1912年）にかけて、漁業にも技術革新が進み、定置網漁業では高性能な大敷網が考案された。明治39（1906）年にその大敷網を導入してからは、

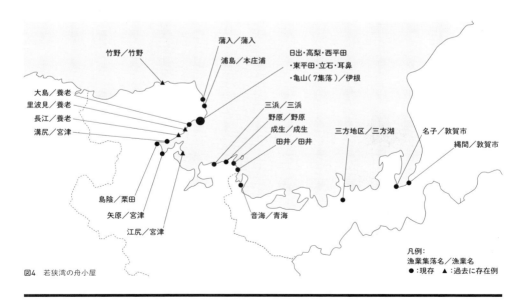

図4　若狭湾の舟小屋

集落も経済的に安定し、網場の所有関係を維持するための戸数制限を守りながら、全戸が平等に経営に参加し、豊かな生活が営まれてきた。

家屋は、活況を呈した明治末期から大正年間に建てられた屋敷が残る。集落は海岸線の幅が狭い分、奥行きが深いため、主屋と舟小屋は離れて建っている。海浜に建つ2棟の舟小屋は、平入屋根の連棟式2階建てで、それぞれ「三軒分」「七軒分」と呼ばれている。呼び名のとおり3軒分あるいは7軒分の舟小屋である。この2棟以外にも、妻入り屋根で、2軒分の舟小屋や単独の舟小屋の姿がある。現在、「七軒分」と呼ばれる舟小屋は、車庫や物置として使われ、舟は収納されていない。前浜が埋め立てられ道路になっているため、事情を知らなければ車庫と見られてもわからない状態である【図5、6】【写真8】。

成生集落の隣の田井集落では、海浜に沿って平屋と2階屋の舟小屋が24軒ほど隙間なく建ち並んでいる。海に向かって右側に妻入屋根、左側に平入屋根の舟小屋が並ぶ。平入屋根の舟小屋の方が比較的大きく、収納される船の隻数も多い。主屋は舟小屋の背後に建つ。水ヶ浦集落は、海から離れた崖の上に位置し、田井集落とは崖沿いの狭い道でつながっている。ここは300年間、7軒の漁家で維持してきた集落である。急峻な崖下には、防波堤に囲まれた漁港が整備されている。そこにスレート瓦葺きで平入屋根による連棟式の舟小屋が建てられている。対岸の岩場には、切妻屋根で2階建ての舟小屋が1軒だけ残されていた。

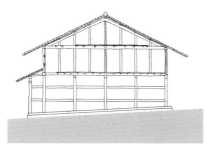

図5　舟小屋断面図

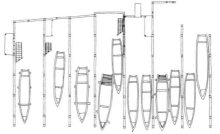

図6　「七軒分」の舟小屋の平面図

写真8　七軒分（正面）、三軒分（右）と呼ばれる舟小屋

舟小屋の変化　145

写真9　若狭湾沿い、三浜・野原の舟小屋（福井県）

一方、三浜や野原の舟小屋は、浜の奥行きが深いため、前浜からかなり後退した位置に建てられており、その裏に集落が広がる。ここの舟小屋は他の集落の舟小屋と異なり、2艘の舟を並列に並べるのではなく、直列に並べて収納しており、その分、奥行きが長くなっている【写真9】。

"海の上に建つ"伊根の舟屋

なかでも、京都府伊根町の舟小屋は、他の地域とは異質であることに気づかされる。それはまず、この地区では呼び名が「舟屋」あるいは「舟倉」と呼ばれていることに表れている。立地形態や数が他と大きく異なり規模が大きく、圧巻といえる水辺の漁村風景が創出されている。2005年には文化庁により重要伝統的建造物群保存地区の指定を受けている。

伊根町を構成する7集落は、伊根湾を囲むように位置しており、各集落は曲りくねった海岸線に沿って連なりを見せる【図7】。伊根湾の入口付近に位

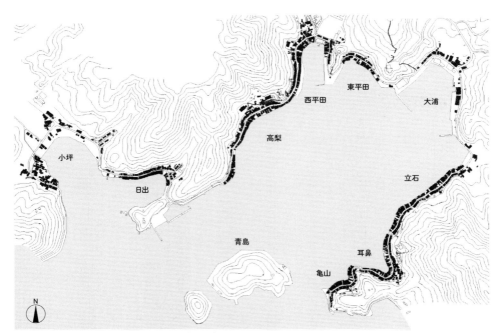

図7　京都市伊根町を構成する7集落には約230軒の舟小屋が保存されている

146　Appendix　日本の水辺の暮らし

写真10 汀線近くに建てられている舟小屋（京都市伊根町）

写真11 海面に建っているかのように見える舟小屋（新潟県佐渡島加茂湖）

置する日出地区からはじまり、高梨、西平田、東平田、立石、耳鼻そして亀山地区へとつながる。この間、ほぼ同程度の規模、形態で、舟の出入口も同規模の舟屋が230軒余り海際に連続的に建ち並び、異彩と形容できる景観美を形成しているのである。

異彩といえる理由のひとつに、まず、舟屋が海の上に建っているように錯覚する見え方があげられる【写真10】。正しくは、舟屋が汀線付近に建てられ、水面が屋内に引き込まれた状態になるため、海面に建っているように見えるものだ。ふたつ目は、230軒の舟屋がぎっしりと立錐の余地なく建ち並んでいることがある。また、それらは各々、同程度の勾配の切妻屋根をもち、同程度の間口の収納口を開けながら、整然と海に向いている。3つ目は、この舟屋とその背後に位置する主屋がセットになって、伊根湾沿いに美しい帯状の集落空間を形成していることがあげられる。舟屋の背後に目を移すと、海に迫った山裾が見える。そこに主屋が舟屋に沿うように建ち並んでいるため、家々の前に舟屋が位置することになる。海面に建つ舟小屋は、海象条件と地理的・地形的な条件により生み出されるため、こうした形態はきわめて限られた場所でのみ可能となる。伊根町以外では佐渡島の加茂湖の舟小屋くらいにしかない【写真11】。しかし、その軒数と規模

で圧倒的に伊根町の舟屋が勝っており、伊根町のように町の海岸線全体が舟屋で構成されている場所は他にない。海側から眺めると、稀に舟屋のなかで舟が揺れる姿を目にすることができる。舟屋の奥の床は斜路になっていることが多く、舟は海への出入りが容易で、かつ厳しい気象条件から舟を守りやすくしている。

一般的に舟小屋を海浜に建てる場合は、満ち潮の時でも海水に浸からない後浜の高い場所を選ぶことが多い。あえて潮の影響や波の影響を被る汀線付近に舟小屋を建てることは少ない。では、どうして伊根町の舟屋は海面に接して建てることができたのか。それは地理的・地形的な条件とそれにともなう潮の干満作用に負うところが大きい。伊根湾は、若狭湾の湾口に位置した小さな湾である。閉鎖性の強い形状と湾口部に島があること、さらに伊根湾が若狭湾とは逆の方向に湾口を向けているため、潮の満ち引きが生じにくい。普段の干満差は20cmにも満たない。大潮の時でも50～60cmほどである。そのため、汀線付近に舟屋を建てても海水に浸かる心配がない。同じ若狭湾のなかでも、このように直接海と接するような舟小屋の建て方は他にはない。宮津市の江尻集落、溝尻集落に建つ舟小屋も伊根町の舟屋に似た形態を見せるが、潮が引く

と前浜が現れ完全な陸域となる。伊根町の舟屋は、自然環境が生み出した非常に稀なものといえる。

実は、この海の上に建つように見える伊根町の舟屋は、元来のものではなく昭和初期になってから移築されたものである。もともとこの地は土地が狭く、山を切り開き埋め立てることで可住地を確保してきた。その当時、舟屋は、他の舟小屋と同じように汀線背後の後浜に建てられていた。各住戸の空間構成を見ると、海側に舟屋があり、その背後に中庭、そして主屋が山裾側に建てられている。そして各住戸が、伊根湾の海岸沿いに短冊状に建ち並び、日出地区から亀山地区に至る各集落空間を形成していた。短冊状の住戸配置とその集合としての集落形態は、他の場所ではあまり見られない。では、どうして伊根町の各住戸は短冊状の配置になったのか。そこには諸説ある。

そのひとつは、可住地確保の手立てとして生み出された地割によるものとの見方がある。かつてここに住む漁師たちは、伊根湾内をおもな漁場としていたが、伊根湾は湾内を「間内（まうち）」、湾外を「間外（そと）」と呼び区別していた。伊根湾は地形的に山が海に迫っているため海浜部分は狭いが、水深は陸地近傍でも深いため、間内は好漁場を形成していた。その当時、漁は刺し網で行われていたが、漁場を270か所に区画することで、網株を平等に行使するという集落共同体的性格があった。平等に漁が行えるよう舟屋を均等に配置し、その背後に主屋を配する短冊状の地割が生み出されたとする見方がある。ちなみに、舟屋の間口幅もほぼ同じであるため、漁家の階層格差もなかったものと思われる。

伊根町の形は、伊根湾を囲むようにして成るくさび型である。そこに、奥行きのある各住戸を短冊状に配置し集落が形成されてきたため、道路を通す余地がまったくなかった。日出地区から亀山地区まで連なり、その先の半島で行き止まりになる。

そのため、各集落では隣近所に行くための道として中庭が利用された。踏み分け道のような道で、狭いところでは人が互いに番傘をさすとすれ違えないほどの幅しかなかったと聞く。加えて、集落間の移動は舟を利用したり、山間の細く険しい道を歩いたりすることが強いられていた。そこで1930年に、公有水面埋立法を申請し、土地を拡幅して道路を敷設することになった。各世帯が中庭を拠出し、集落を貫く4m幅員の道路を開通させた。地区住民はこの道路を今でも「ミチ」と呼んでいる【写真12】。

かつての名残は、各戸の側溝に残されている。亀山地区を見ると、側溝は基本的に隣り合う民家の間に設けられ、ミチを横断し、各舟屋の間を走り抜け海に至る。つまり、何本もの側溝がミチを直行し海に向かって走っている。現在、この側溝はミチの下を通っているが、道路整備がされる前は、そのままむき出しの状態で、隣家との境界線を表していた。かつて隣り合う家同士の間には、増改築をする際、必ず敷地境界線よりも4寸ずつ空けて家屋を建てなければならないという不文律があった。この8寸という幅は、側溝を設けるためのものである。ちょうど鍬（くわ）が入る寸法であり、溜まったゴミを掃除するのに勝手がよかったともいわれている。

ミチの拡幅に合わせ舟屋を海側に前進させたことで、今日の集落形態がつくりだされた。海岸線の

写真12 亀山地区の側溝（京都市伊根町）

形状が入江をなす場所では、隣り合う舟屋の間隔が詰まり軒が交錯したり、舟屋を建て替える際に先を細くしたりした。反対に、海岸線が半島状に突き出している場所では、舟屋同士の間隔を広くしたりしている。いずれにせよ、舟屋を汀線付近まで移動したことで、"海の上に建つ"ように見える稀な舟屋が誕生することになった。

舟屋の変化

　伊根町の舟屋は、階上に居室を備えている。このような形態が生まれた背景には、昔の舟屋からの形態的継承と地理的・地形的な特性が影響している。伊根町の舟屋ははじめ、6寸以上の急勾配をもつ茅葺き屋根で構成されていた。屋根裏を高くして、ここを漁具の収納場所や漁網の干し場、修理場としていたのである。先述したように伊根町は、集落内や海岸に空地を確保する余裕がなく、漁具干し場を確保できなかったため、代替空間として屋根裏が使われてきた。当時の漁網は、麻や綿で織られていたため乾燥させる必要があったが、日本海側特有の気候条件により、年間を通じて雨や雪が多く、とくに秋の収穫時期は「うらにし時雨」と呼ばれる独特な天候により快晴の日が少ない。「弁当忘れても、傘忘れるな」という言い伝えがあるほどであり、干し場を確保することは非常に重要なことであった。その後、漁具や漁網の発達により干し場が不要になることで、床が張られ1階を舟の収納場所とし2階に居室を設け、離れとしての利用がなされるようになった[図8]。

風土が生み出した舟屋の構法

　舟屋に収納される舟は板舟であるが、この板舟には、杉や松が使われることが多い。杉は側壁や

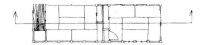
1階平面図

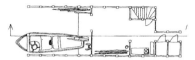
2階平面図

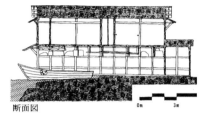
断面図
図8　亀山地区舟屋の断面図と平面図

甲板に使われ、松は底板や舟梁に使われる。強度が要求される部分は桧や樫が使われてきた。樹木は育つ地域や自生する場所によって、その性質が微妙に異なるため、地域ごとに使い方は若干異なる。造船用の樹木は、適地適木の原理に従い漁村の周辺に植林する習慣があるため、杉や松が背後に生い茂る漁村風景を全国津々浦々で見ることができる。育てられた用材は、当然、舟小屋を建てる際にも用いられる。若狭湾に見られる舟小屋では、杉や松が多用され、屋根は杉の皮で葺くものが多かった。杉の皮は秋皮と呼ばれ、秋口に採取する皮が最も腐朽や虫害が少なく、雨や雪からの湿気にも強いとされた。杉皮を葺く場合は、重石を載せたが、今はほとんど見られない。

　伊根町の舟屋は、風、雨、雪、波、潮などの厳しい気象条件を受けるため、随所に工夫が施されている。たとえば、舟屋は海に対して妻側を向けているが、この構え方は短冊状の地割と積雪の多さが関

係している。この地は大雪の際には1階が埋まるほどの積雪があるが、妻側を海に向け連続的に建ち並ぶことで、道路や舟屋前面への落雪の危険性を回避している。その一方で、舟屋では雪下ろしは行われないため、その積雪荷重に耐えることが必要になる。そのため、最初期の舟屋は、柱を垂直に立てるのではなく、内側に柱を傾けて立てる「内転び」【141ページ、写真2】や「四方転び」と呼ばれる構法が採り入れられていた。また、土台に使われる木材には水に強い椎の木が使われ、柱や梁は松や栗の太くて丈夫な材を手斧で削ったものが使われている。柱間には半間柱と呼ばれる柱を立てることで、構造強度を高める方法が採り入れられていた。壁は外大壁内真壁造りである。外部は焼いた杉板を張って柱梁を覆い、内部は真壁を取り入れた混合軸組とする「半間柱大壁と通し貫真壁」に近い壁づくりがされた。

また伊根町の舟屋は、他の舟小屋と比べて開放的なつくりにはなっていないが、これは、1893年ごろ、大風で当時の藁葺きの舟屋が倒壊し、以後堅固なつくりの舟屋へと変わったためである。他で見る舟小屋のように通気性を考慮した壁の張り方はされずに、閉鎖性の強い構えを見せる。さらに、冬期の屋根からの落雪が内部に入り込むのを防ぐ意味合いと雪による湿気を防ぐ意味や背後の母屋への湿気や風の影響を軽減させる壁としての役割も担うことになった【写真14】。

写真14 壁のように立ちはだかり、堅固なつくりを見せる舟屋

舟屋の将来

　日本海側では風土的文化として舟小屋が現在も生き続けているが、舟の収納場としての使い方は難しくなってきている。とくに舟体の大型化やFRP化および漁港整備の進展は舟小屋を無用のものとしてきている。ただ、長年舟小屋を使い慣れ親しんできた住民にとっては、舟小屋は生活の糧を得る拠点であり、伝統的な技術や慣習が蓄積されてきたものという意識がある。舟小屋も時代の流れのなかで、本来の意味を失いかけているが、わずかに残された舟小屋をモノ〈建築〉、コト〈習慣〉として、新たな価値で捉えなおすことも重要なことと思われる。これまで重要伝統的建造物群保存地区に指定されると、それまでとは違い、逆に住みづらくなるといった指摘を聞くことも良くあり、あえて指定を受けないところもある。一方、世界文化遺産の指定を受けたもののなかには地域や集落空間を構成する建築群はそのままに、建築物の内部を今日的な用途に改変している例が増えている。こうした多数の前例を見ることで舟小屋の今後のあり方について、地域の文化的な遺産として再考することが重要と思われる【写真15】。

写真15　伊根町伊根浦「舟屋の里」は重要伝統的建造物群保存地区に指定されている

消えゆく
川面の牡蠣船

牡蠣船とは

　牡蠣船とは、もともとは瀬戸内海地方の港町に牡蠣を運搬して、そこで販売することを目的とした和船であった。次第にそれが運搬した先で、牡蠣を剥き身にしたり、焼いたりと調理し船の中で客に振る舞い提供するようになったことで、水上の飲食店として発展した船である。発祥地は安芸（現在の広島県草津）であるが、大阪の堀割で有名になり、風物詩となった。

　広島市内には、猿猴川、京橋川、元安川、本川（太田川）、天満川、太田川放水路の6河川が流れている。そのなかのひとつ、元安川には1963年から「かなわ」と呼ばれる牡蠣船が係留されていた。近年、対岸側に「かき船ひろしま」が係留されたが、どちらも牡蠣の季節には多くの客で賑わいを見せる。牡蠣船の存在は、あまり知られてこなかったが、江戸時代に当地で養殖される牡蠣の産地直送販売を目的として建造され、次第に調理も船内で行うようになり、牡蠣通には人気の的となった。

広島県広島市元安川（2013年ごろ）

長野県松本市松本城外堀

広島県呉市境川

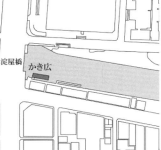
大阪府大阪市土佐堀川

図1　牡蠣船の立地（2013年ごろ）

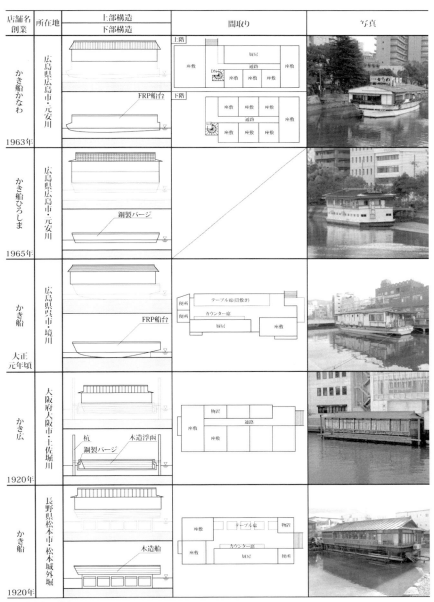

図2 牡蠣船の構造

この牡蠣船は、生産地である広島よりもむしろ大阪で人気となり、最盛期には大阪堀川に20隻余りの牡蠣船が集まった。その他、瀬戸内海各地、四国の松山、高知、九州の別府、日本海側の金沢、新潟、東京の築地川などの河川や港、さらに、隣国の中国青島や北朝鮮平壌にまで出向き、牡蠣の産地直送販売を行ってきた。また1933年より、海のない長野県松本市の松本城の堀割に牡蠣船を浮かべての産地直送販売が行われ、この船は現在も営業中である*。

現存する牡蠣船のなかで最も古いものは、大阪土佐堀川の「かき広」である。1920年以来約90年、今の場所に係留されている。現在は、木製の船体を鋼製のバージに乗載して営業を続けている。船内は中廊下式で和室5室（6畳1間、4.5畳4間）と便所で構成され、調理場は付属屋に設けられている。この牡蠣船は落語の演目となったり、日本画の名作の題材などでも取り上げられたりしてきた。呉市堺川にある牡蠣船も大正元（1912）年ごろに係留され100年ほど経過しているが、船台は船歴を経るごとに変更され現在のものはFRP製である。この船の場合、船体を安定（動揺防止）させるため、船倉に注水し河床に着底させている【図1、2】。なお、元安川の「かなわ」と「ひろしま」は国土交通省の指導の下に、2014年にそれまで係留していた場所から、「かなわ」は400m上流に、「ひろしま」は本川の東岸へ移動した。これらは水のほとんど流れない「死水域」である。

牡蠣船の活動と発展

1619（元和5）年に紀州和歌山の藩主浅野長晟が、安芸藩主として転封した際、和歌山の牡蠣種を移入することで、それまで小粒であった安芸牡蠣を大粒化する改良が図られた。それに合わせ、草津村（現広島市草津）や仁保島村（現広島市仁保）では牡蠣の実入り場の改良と養殖法の開発（ひび立て養殖法）が進められ、養殖牡蠣の増産に成功した。このことが、牡蠣船が登場するきっかけとなる。牡蠣の水揚げ量が大幅に増加したため、広島の城下だけでは販売流通先を確保することが難しくなり、販路を拡大する必要性に迫られたのである。

1660（万治3）年ごろから、草津村の牡蠣師5人が船で広島近傍の港を巡り牡蠣の販売を行うようになった。これが牡蠣船（牡蠣運搬船）の起こりとなる。その後、1673（延宝元）年には、広島から近畿地方における販路が開拓され、大阪の堀川における牡蠣の実演販売に成功した。このころは、広島から大阪までおおむね3日を要した。牡蠣は殻つきのまま潮水に浸した俵に詰めて運搬し、大阪の問屋に卸された。その際、牡蠣船業者も自らの船上で牡蠣打ちを実演し剥き身での販売を行った。これが大阪商人たちに受け入れられることで、大阪堀川で牡蠣船が次第に増加し、1687（貞享4）年には草津村の牡蠣船16隻が大阪での販売に従事した。

大阪堀川での牡蠣船営業の形態は、牡蠣の収穫季節の10月下旬に広島から牡蠣俵を船に積み込み、大阪に到着後は船上で営業活動を行い、翌年2月ごろに牡蠣がなくなると再び広島に帰港した。こうした季節移動は大正時代初期まで毎年繰り返された。大阪に運び込まれた牡蠣は鮮度を保持するために俵ごと海の中に沈められ販売時に取りに行き引き揚げられた。その後、牡蠣俵は広島から定期的に追送することも行われた。1688（元禄元）年には草津村と仁保島村に養殖牡蠣仲間株の組織が形成され、大阪における牡蠣船販売を国元の三次藩主が許可する制度（元禄年中牡蠣株制度）ができた。翌1689（元禄2）年には牡蠣船の隻数制限が発令され、年間に銀一貫目の運上金を収めることになる。しかし、業者の増加により紛争が起き、

1699（元禄12）年には一時大阪での牡蠣取引が差し止めとなった。

1700（元禄13）年三次藩から定法の基本が示され、草津牡蠣仲間株定法が正式になり18隻の牡蠣船が大阪で営業するようになった。つまり株を持つ者だけに営業許可がおりた。その後、1735（享保20）年と1762（宝暦12）年に定法の一部が改正されたが、この定法では、牡蠣のつくり方、取り揚げ方、荷づくり、大阪への牡蠣追走を含む売買の統制、牡蠣船の乗員数まで細かく規定されていた。1708（宝永5）年大阪宝永大火の際の功績により、大阪市内における牡蠣船商売自由の特権が草津村の牡蠣船に賦与される。独占的販売が行われるようになり、牡蠣船の営業が活発化した。牡蠣船では剥き身販売の他に牡蠣料理の提供がなされるようになり、専用の座敷を備えた屋形船が建造されるようになった。これが現在見られる屋形船型の牡蠣船の原型となり、形態的変化の起こりとなった。

1743（寛保3）年には、草津村は21隻、仁保島村は14隻と規制されるようになる。1767（明和4）年には反統制的な牡蠣販売の動きが現れ始める。矢野村（現広島市安芸区矢野）や他の無株者らが、尼崎、堺、住吉などに牡蠣船を出すことで提訴されたが、その後も無株者らの動きは増え続けた。そして、1804（文化1）年ごろからは、紀州産の牡蠣など広島以外のものも出回るようになった。そのため、1805（文化2）年に、草津村と仁保島村は大阪以外の瀬戸内海各地の港や河川でも牡蠣船による販売を展開するようになった。1815（文化12）年には、牡蠣販売では後発となる矢野村（現広島市安芸区矢野）が京阪地方以外の瀬戸内海沿岸一帯の販路を開拓した[図3]。

1819（文政2）年には、草津村の牡蠣船は大阪堀川の21隻（40石積：4隻、50石積：16隻、60石積：1隻）を含めて全国で84隻まで増えた。しかし、1829（文政12）年ごろになると大阪における広島産牡蠣の独占販売権が失われていき、広島の牡蠣は1850（嘉永3）年ごろから新たな販路が開拓されていった。その後、淀川水系を遡ることで、京都、伏見、近江、大和路まで販路が拡張されている。そして1871（明治4）年には牡蠣仲間株制が消滅し、これ以降、大阪以外でも活発に牡蠣船営業が展開された。料理の提供が主体となり、屋形船型の牡蠣船が増加することになる。しかし、草津村の牡蠣船は明治期に入り次第にその数を減少させていった。1916（大正5）年ごろには16隻まで減少した。他方、

図3　牡蠣船の活動範囲

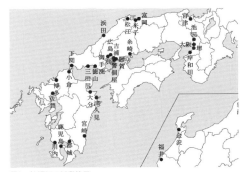

図4　牡蠣船の活動範囲

仁保島村の牡蠣船も明治期までは14隻維持されていたものが、1917（大正6）年ごろには半減して7隻にまで減っている。1920年以降は、第1次世界大戦後の国内経済の活況を受け、客が増えるにつれ再び牡蠣船も増え、最盛期には150隻を数えた[図4]。

また、このころから牡蠣の輸送手段が汽船や陸上輸送に代わり、牡蠣の搬送形態も殻つきから剥き身に変わっていった。それにより、牡蠣船は母港に帰港せず、河川内に定着するようになった。そして、季節ごとに屋形が組み立てられるような経営的、形態的な変化を遂げた。さらに、牡蠣以外の鰻など川魚を扱うことで季節営業から通年営業に切り替える船も増えるなど、営業方法の差異が船の形態やその動向に現れた。

牡蠣船の変化

当初の牡蠣船は牡蠣を運搬することを主目的としていたため、木造の300石規模（乗組員9～12人）の荷船が使われていた。これは当時、「弁才船」と呼ばれた荷船と考えられる。この船は江戸時代に瀬戸内海地方で発達したもので、その後の和船の船型や構造の基本型となった。逐次改良されながら全国的に普及していき、小型船から大型船にまで多様な大きさに発展した。その船が牡蠣の運搬と販売にも使われ、その後、牡蠣販売とともに牡蠣

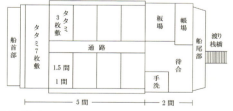

図5　初期の牡蠣船の間取り

料理を提供する場へと機能・用途を変えることで、次第に船型や構造は変化した。大きな変化は、荷船から厨房や居室機能を備えた屋形船へ様変わりしたことがあげられる。初期の牡蠣船は中廊下式の間取りで客室が左右に設けられていた[図5]。

その後の変化は、屋形船型として普及してからの形態変化があげられる。図6を見ると乗載される屋形部分と下部の基盤となる船台で、それぞれ形態的な変化を生じていることがわかる。この2度目の変化は、江戸・明治・大正・昭和にかけての牡蠣船の事例から捉えることができる。

江戸時代初期の牡蠣船は、弁才船を用いた牡蠣運搬用の荷船であり、この船には海上を帆走するための帆柱と二挺櫓が備えられ、甲板や船倉に牡蠣を詰めた俵を積載して航海した。護岸に船を係留して牡蠣販売を行う時は、帆走用の帆柱が外された。当初は四隅に柱を設け胴の間に苫を掛ける簡素なつくりの屋形で、座敷部分だけが船内に設けられ、調理場や牡蠣打ち場は船を接岸した護岸に設けられた。その様子は「摂津名所図会大成」の牡蠣船の絵図に残されている。

その後、屋形部分がすべて木組みによる組立式となった。江戸時代後期（1805年以降）になると、弁才船は甲板上に板と苫で構成された組立式の屋根が掛けられ、上積み荷物保護用の常苫として普及した。牡蠣船仕様の場合、この中に屋形の部材と畳や障子など室内構成材一式を収納し、牡蠣俵とともに運び、営業地で組み立てた。室内は畳が敷かれ衝立で小割に仕切り、船の甲板まわりは障子で仕切られた。船の舳側が上座とされ、艫側は出入り口となり、牡蠣打ち場、調理場、帳場も船内に設けられた。

明治・大正期に入ると、船型を川船型の平底形態へ変更するものが登場するようになる。これにより、それまでの形状による機能的、空間的な制約が

図6　屋形船の形態的変化

消えゆく川面の牡蠣船　　157

排除され、調理や客室などの用途空間が拡張されるようになった。下部の船台から大きく張り出した床を持つ大きな牡蠣船が現れ、調理場や牡蠣割場も船内に設けられるようになった。この空間の大型化は内部の客室を増やす以外にも、壁や廊下を設けることで部屋の独立性を高めるとともに、床の間や違い棚の座敷飾りが設けられ、内部にゆとりを生み出す建築的な空間となった。ただし、船の安定性を維持するため、屋形の空間配置は原則的に左右対称で、室内中央部に廊下が設けられるか外廊下式が取られた。

その後、牡蠣の輸送形態が変わることにより、牡蠣船自らの帰港が不要となり、自航のための帆柱や櫓を持たず曳船により曳航される牡蠣船が増えた。移動性を重視しない浮函型の基盤（船台）を持つ牡蠣船が建造されるなど、牡蠣船の係留地点の河川や掘割の状況に応じた船型形式が用いられるようになった。また昭和初期になると、平面的な拡張だけでなく、立体的な拡張としての2階建て形式や入口階の階下に客室を設けた牡蠣船なども建造されるようになった。こうした船は船としての航行能力よりも、室内（座敷）の居住性やその広さ、大きさ、部屋数といった規模が重視されるようになり、次第に船的形態から建築的な様相を見せ、係留場所に定着するようになった。そのため、船としては自航能力を失うことになり、移動には曳船が要されるようになった。

牡蠣船の出現により、牡蠣の季節の終了とともに曳船で曳航されて広島に帰港する船と、他の川魚を扱うことで通年営業する船など営業形態の多様化が進んだ。呼称も牡蠣船から「船の料理屋」、「水上店舗」などと呼ばれるようになった。

牡蠣船の係留場所と堀川

1743（寛保3）年ごろの記録によると、開削された東横堀川、西横堀川および土佐堀川、長堀川、道頓堀川など船場地区を囲むようにして35隻の牡蠣船が営業活動していた。この隻数は、その後1821（文政3）年まで80年間余り変化することなく維持されることになる。当時、堀川における牡蠣販売は、牡蠣仲間株法にもとづき、船の隻数から牡蠣の販売数量および価格まで細かく規定されていた。

また、牡蠣船自ら、仲間営業条目により、船の従業員は3名までと制限し、係留場所も仲間内で定め、橋詰1か所に対して牡蠣船1隻の係留とするなど取り決めを行っていた。そのため、仁保島村の牡蠣船は、次第に堀川以外の場所を新規開拓するようになり、他の地域に出向くようになった。加えて、規制の消滅により船の従業員を増員したり、牡蠣打ち娘などを登場させるなどして営業強化が図られた。そして、1941（昭和16）年には堀川における牡蠣船は、堀川の外周部の旧淀川、堂島川、土佐堀川と東横堀川、道頓堀川、木津川など船場地区を囲むように分布し、草津村と仁保島村以外の他地域からの新規参入者も含めて29隻まで増加した。

しかし、翌年に発令された戦時物資統制令により、牡蠣船の大半は廃業を余儀なくされた。終戦後、復活する牡蠣船も出現し、1955（昭和30）年ごろには30隻ほどになった【図7、8】。

堀川は淀川を本流として室町・安土桃山・江戸の3つの時代を通して枝川の開削が進められた運河である。水辺を主体とした都市基盤整備の中心であった。開削は東横堀川（1585年）と西横堀川（1585年）から始められた。西横堀川の開削は、当初、舟運の水路ではなく市街地開発のための宅地造成用の地揚土を得るためのものであった。次いで天満堀川（1598年）、阿波堀川（1600年）、そし

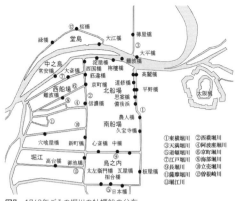
図7 1743年ごろの堀川の牡蠣船の分布

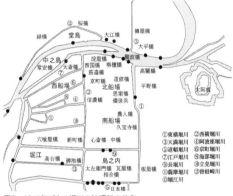
図8 1941年ごろの堀川の牡蠣船の分布

て、道頓堀川（1615年）、京町堀川（1617年）、江戸堀川（1617年）、長堀川（1622年）、海部堀川（1624年）、立売堀川（1626年）、薩摩堀川（1628年）、堀江川（1698年）、難波新川（1733年）、高津入堀川（1734年）、桜川（不明）の15の川筋（水路）が開削され、水辺一帯が船場として機能するまちづくりがなされた。ただし、開削当時の川岸は素掘か簡易な土留であり、1683（天和3）年に治水事業として石積護岸に改修された。その際、護岸の形状は、岸岐（がんぎ）と呼ばれる石畳階段と流垂形（なだれ

がた）という傾斜護岸、垂直護岸の天端を犬走りにする事業がなされた。そして、堀川沿いの土地は浜地と呼ばれ、荷揚げ用の公儀地として使われ、そこに建つ建物は足駄づくりと呼ばれる建物基礎を用いることが義務化された。

　岸岐や浜地においては浜納屋を建てたり、川中に舟繋杭を立てたりすることが禁止されるなど、水面と陸地を緊密に保つことを念頭に置いた「川筋掟十二条」（1754年）が制定され、水辺は厳しく管理された。こうした規制にもとづく水辺の空間形成は、平常時と洪水時を考慮しながら、水辺の利用促進を図ることが意図されていた。こうした管理にもとづき堀川の水辺は舟運や市場、荷揚げ場、遊興地など多様に展開され、背後地としての川沿いには天満青物市場や雑喉場魚市場、堂島米市場や靭海産物市場、長堀材木市場などが点在するようになり、都市的な賑わいを形成した。牡蠣船は、このような陸域と水辺の賑わいのなか、他の川魚を商う生簀船などとともに料理船として、商人などの商いの場として利用された。その後、1871（明治4）年になり大阪府は、市内川筋疎通定則を定め、川中拝借税（後の川中使用料や河川占用料）を牡蠣船などに課すようになった。

　大正期には堂島川、土佐堀川、江戸堀川、道頓堀川、長堀川、京町堀川に可動堰が設けられることで、枝川の流速や流量が不足し水の循環が悪くなり、水質汚濁や悪臭など環境衛生面での問題を増加させる状況となった。また、1945（昭和20）年に立案された戦災復興都市計画では、瓦礫の除去と道路整備が急務とされ、翌1946（昭和21）年の戦災復興土地区画整備事業により堀川の西側に位置する枝川の多くが道路用地として埋め立てられた。さらに、1950（昭和25）年のジェーン台風の被害により防潮堤の整備が進められたにもかかわらず、1961（昭和36）年の第2室戸台風により溢水被

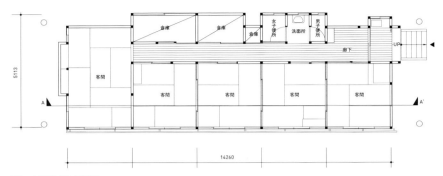

図9　大阪「かき広」平面図

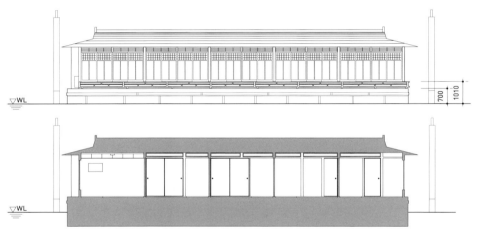

図10　同、立・断面図

害が発生し多数の牡蠣船が護岸上に打ち上げられた。その後、さらに防潮堤の嵩上げ工事が行われ、1960（昭和35）年には長堀川が駐車場整備のため埋め立てられた。

　1962（昭和37）年には阪神高速道路公団により東横堀川上空に道路架橋が建てられ、1973（昭和48）年には天満堀川もバイパス建設のため埋め立てられた。この間の1965（昭和40）年には、道頓堀川の両岸が7mずつ埋め立てられ緑地帯が設けられた。こうした埋め立て工事や防潮堤整備が行われることで、各枝川に係留されていた牡蠣船はその都度撤去されていった。道頓堀川の場合は、水路幅が縮小されたため、10隻あった牡蠣船の河川占用権の継承は許可されず立ち退きが求められた。また、堀川の水質悪化の原因のひとつには、牡蠣船が排出する調理廃水や汚水の垂れ流しもあった。このことについては「道頓堀裁判」において指摘されている。堀川の水質の悪化や埋め立て、高潮防潮堤の整備などにより、牡蠣船を営業するための水辺環境は次第に悪化し、撤去を余儀なくされ、大阪の風物詩にもなった牡蠣船は、その姿を消してゆくことになった。

水辺空間の見直しと牡蠣船

　現在、広島を皮切りに、大阪、名古屋、東京をはじめとして全国的に都市域を流れる河川の水辺を新たな都市環境として位置付ける取り組みが積極的に展開されてきている。この取り組みは「水辺の社会実験」と呼ばれ、これまで河川管理区域として一般の利用ができなかった河岸沿いの空間を民間事業者に開放し、カフェなどの飲食施設の営業を許可することで、水辺に人々が集まる賑わいのある場所を形成しようとする試みで5年程度を目途に実施され、2004年からはじめられた広島では人気スポットとして親しまれ、他の都市でもこの実験は成功の域に達しているものが多い。

　こうした水辺に対する新たな取り組みが進むなかで、かつての牡蠣船が川面に浮かぶ姿を捉え直してみると、牡蠣船が川面にあることで、河川空間は賑わいのある場所となり、背後の都市空間との関係性を密接にし、水辺に人々の居場所を生み出していたことが分かる。今後、水辺を都市環境として活用することを目指すなかで、こうした川面に浮かぶ牡蠣船のように水辺を積極的に取り入れた仕組みを生み出すことが望ましい。そのため、姿を消した牡蠣船の果たしてきた役割・効果を再評価・再認識することが望まれる。

*補注
松本城の外堀に立地する牡蠣船の立地経緯を見ると、この牡蠣船は、1912（大正元）年当初から、1931（昭和6）年ごろまでの約19年間、広島県矢野町から蒸気船で曳航され石川県金沢市の犀川に設置し、そこで10月から翌年の4月まで営業し、再び広島に帰港するという営業形態が続けられた。その後、経営者は新たな営業地として翌1932年に「山国での牡蠣の販売」を目指し、長野県松本市の松本城外堀に牡蠣船を浮かべることを発案、市議会との折衝の後1933年12月に開業した。船は1932年3月に広島県矢野町の船大工が建造に取り掛かり9月に完成、一度解体して鉄道輸送により現場に搬入し、堀の水面に樽製ドックをつくり、その上で組み立て、進水後に上屋の屋形を組み立て完成させた。船体は杉板、屋形は無節の檜板で構成し、室内は畳廊下を中心として左右に4部屋が設けられた（船の傾きに配慮して客数を調整した）。1936年ごろに失業者対策による外堀の泥清掃がなされた際、堀の水が抜かれ船体が乾燥し船内に浸水が生じた。そのため、水中杭を打ち、船を着座させる形式が取られた。現在まで通年営業の形態が取られている。

参考文献

- 中村茂樹、畔柳昭雄、石田卓也『アジアの水辺空間——くらし・集落・住居・文化』鹿島出版会、1999年
- 市川尚紀、我妻秀亮、鈴木信宏「季節・時刻別の風と快適な生活行為に対する海上テラスの配置構成の調査——フィリピン・パラワン島の高密度海上集落を対象として」『日本建築学会計画系論文集』第580号、pp.73-78、2004年
- City Planning Office of Puerto Princesa: Socio Economic Profile of Puerto Princesa City, 1998
- 鶴見良行著、村井吉敬編『鶴見良行著作集8 海の道』みすず書房、2000年
- 舟岡徳郎「インドネシア東部島嶼地域における水辺集落の空間特性に関する調査研究」日本大学大学院理工学研究科海洋建築工学修士論文、2005年
- 舟岡徳郎、森英司、畔柳昭雄「インドネシア東部島嶼地域の沿海集落の建築空間と生活習慣に関する調査研究——東南アジアにおける水際空間と人のかかわりに関する研究（その1）」『日本建築学会計画系論文集』第600号、pp.1-8、2006年
- 畔柳昭雄「カンボジア・トンレサップ湖における水上居住形態について——環境親和型社会における居住環境システムに関する調査研究」『日本建築学会（関東）大会学術講演梗概集』pp.595-596、2006年
- 市川尚紀「インドネシア・テンペ湖集落における自然環境変化への対応手法の調査研究」『日本建築学会技術報告集』第16巻、第33号、pp.677-683、2010年

- 城崎町教育委員会「兵庫県城崎郡城崎町楽々浦舟小屋群」『文化財調査報告書』第6集、1980年
- 岡野崇裕、畔柳昭雄、中村茂樹「沿海多雨・多雪地域に立地する舟小屋を有する集落の生活空間特性に関する研究——生活環境としての集落・民家・生活習慣の成立について（その2）」『日本建築学会計画系論文集』第526号、pp.131-138、1999年
- 神崎宣武、中村茂樹、畔柳昭雄、渡邉裕之『舟小屋 風土とかたち』INAX出版、2007年
- 畔柳昭雄、菅原遼「近世から現代に見られる"牡蠣船"の機能的形態変化に関する調査研究」『沿岸域学会誌』第29巻、第1号、pp.15-26、2016年

あとがき

　本書は『消えゆくアジアの水上居住文化』と題し、近代化が進み躍進するアジアの中にあって、長らく水辺の恩恵を受けつつ、環境との共生を念頭に置きながら生活を営んできた「水辺の生活」に焦点を当て、その変容する姿を捉えてきた。先に『アジアの水辺空間──くらし・集落・住居・文化』を出版してから20年の時が過ぎようとしている。その中で、我が国を含むアジアの水辺はその姿を大きく変えており、このまま行けば確実に本来の姿は消えてしまう。香港の各地につくられてきた水上コミュニティは完全にその姿を消してしまったし、日本の舟小屋も大きく数を減らしてきている。自然発生的に、そして生活の知恵から生み出されてきた水辺の暮らしは外的・内的な変化圧を受け、消滅の途に就きつつある。

　こうした部分社会や限定的な暮らし方が時間の経過とともに原型を失い、気が付いた時には記録や資料は皆無の状況が多々あることの認識を背景に、本書では各々変化の状況を可能な限り拾い出してゆこうと考えた。石やレンガによる重厚で、文化的・社会的支えを背景とし、環境と対峙しながらもその場に根を張り築かれた建築や都市とは異なり、木やその枝葉を使い、移動や可動を旨としながら、環境に身をゆだねる生活を支える場として築かれた建築は儚い。本書をまとめている間にも現地の状況は刻々と変化しており、カンボジア・トンレサップ湖ではNatural Community Zoneが形成され水上集落は保護管理される一方で、住民の中には自宅をリニューアルし、"民泊"を始める者も現れた。こうした状況変化は多数あるが紙幅の都合上収録しきれていない。

　願わくば本書をきっかけにして、水辺や地域コミュニティに関心をもち追従調査や研究を行おうとされる読者が輩出されることを期待したい。

　本書をまとめるに際し、長らく編集作業に当たっていただいた川尻大介さんと久保田昭子さんのお二人には深く感謝申し上げます。

アマルフィにて　畔柳昭雄

編著者略歴

編著者
畔柳昭雄(くろやなぎ・あきお)

1952年、三重県生まれ。
日本大学理工学部建築学科卒業。
同大学院理工学研究科建築学専攻博士課程修了。専攻は海洋建築工学。工学博士。
日本大学理工学部教授を務め、現在、同大学特任教授。
著書に『アジアの水辺空間──くらし・集落・住居・文化』(鹿島出版会、1999年・日本沿岸域学会出版文化賞受賞)、『海水浴と日本人』(中央公論新社、2010年)など多数。
主な作品に〈アルミの海の家 I・II・III〉(2004年、05年・イタリアアルプロゲットアワード受賞、06年)、〈茶室一瞬亭〉(2016年)など。
執筆:序にかえて、chapter 1、chapter 2(pp076-119)、Appendix、あとがき

著者
市川尚紀(いちかわ・たかのり)

1971年、東京都生まれ。
東京理科大学工学部建築学科卒業。専攻は建築計画学。博士(工学)。
内井昭蔵建築設計事務所、近畿大学工学部建築学科講師を務め、現在、同大学准教授。
主な著書に『水辺のまちづくり──住民参加の親水デザイン』(技報堂、2008年)、
主な作品に〈環境共生型木造実験住宅〉(2008年)など。
執筆:chapter 2(pp034-057、120-139)

舟岡徳朗(ふなおか・とくろう)

1980年、群馬県生まれ。
日本大学理工学部海洋建築学科卒業。
同大学院理工学研究科海洋建築工学専攻修了。
畔柳研究室在籍時に、畔柳昭雄・親水まちづくり研究会編『東京ベイサイドアーキテクチュアガイドブック』(共立出版、2002年)、畔柳昭雄・渡邉裕之・日本大学畔柳研究室編『海の家スタディーズ』(鹿島出版会、2005年)を共同執筆。
〈アルミの海の家 I〉を共同で設計施工。
現在、株式会社大林組勤務。
執筆:chapter 2(pp058-075)

消えゆくアジアの水上居住文化

2018年8月15日　第1刷発行

編著者	畔柳昭雄
共著者	市川尚紀・舟岡徳朗
発行者	坪内文生
発行所	鹿島出版会
	〒104-0028　東京都中央区八重洲2-5-14
	電話 03-6202-5200　振替 00160-2-180883
印刷・製本	壮光舎印刷
デザイン	高木達樹（しまうまデザイン）

©Akio KUROYANAGI, Takanori ICHIKAWA, Tokuro FUNAOKA
2018, Printed in Japan
ISBN 978-4-306-07345-6 C3052

落丁・乱丁本はお取り替えいたします。
本書の無断複製（コピー）は著作権法上での例外を除き禁じられています。
また、代行業者等に依頼してスキャンやデジタル化することは、
たとえ個人や家庭内の利用を目的とする場合でも著作権法違反です。

本書の内容に関するご意見・ご感想は下記までお寄せ下さい。
URL : http://www.kajima-publishing.co.jp
e-mail : info@kajima-publishing.co.jp

好評既刊書

アジアの水辺空間
くらし・集落・住居・文化

中村茂樹、畔柳昭雄、石田卓矢 著

アジアの水辺空間は自然環境と一体化している。
著者が長年にわたって行ってきたアジアの水辺空間のフィールドワークにより、
自然環境との共生思考によるアジアの水辺空間の魅力を
その生活、住居、文化を通して紹介。

第1章
水辺に住む人々の暮らし
集落／住居／文化

第2章
アジアの水辺のくらしと住居
ミクロネシア／パプアニューギニア／インドネシア／ベトナム／タイ／フィリピン／ホンコン／
日本の水辺のくらしと住居 舳倉島／伊根／豊島